EINFÜHRUNG

Willkommen in der Welt des Fibonacci-Handels, wo die Kunst der technischen Analyse auf die Präzision mathematischer Verhältnisse trifft. In diesem Buch begeben wir uns auf eine Entdeckungsreise und enthüllen die Geheimnisse und Strategien rund um die Fibonacci-Analyse — ein leistungsstarkes Tool, das von Händlern weltweit verwendet wird.

Kapitel 1: Enthüllung der Grundlagen von Fibonacci In unserem Eröffnungskapitel befassen wir uns mit dem Kern der Fibonacci-Analyse und entschlüsseln die Grundlagen, die dieser Technik zugrunde liegen. Wir werden das Konzept der Fibonacci-Retracement-Verhältnisse untersuchen, ein Schlüsselelement zum Verständnis von Preisrückgängen und -umkehrungen.

Kapitel 2: Erkundung der Grundvoraussetzungen für eine genaue Trenderkennung Eine genaue Trenderkennung ist für den erfolgreichen Handel von größter Bedeutung. In Kapitel 2 gehen wir eingehend auf die wesentlichen Anforderungen für die präzise Identifizierung von Trends ein und legen den Grundstein für eine effektive Fibonacci-Analyse.

Kapitel 3: Die Tiefe der Fibonacci-Retracement-Werte Aufbauend auf unserer Grundlage vertiefen wir uns tiefer in die Fibonacci-Retracement-Werte. Um fundierte Handelsentscheidungen treffen zu können, ist es von entscheidender Bedeutung, die Tiefe dieser Werte zu verstehen.

Kapitel 4: Das Wesen der Fibonacci-Projektionswerte aufdecken Kapitel 4 nimmt uns mit auf eine Reise, um das Wesen der Fibonacci-Projektionswerte aufzudecken. Diese Werte bieten Einblicke in potenzielle Preiserweiterungen und sind ein wertvolles Instrument für Händler, die zukünftige Preisbewegungen prognostizieren möchten.

Kapitel 5: Die Kraft der Fibonacci-Konvergenz Fibonacci-Konvergenz ist ein Konzept, das Ihre Handelsstrategien erheblich verbessern kann. In diesem Kapitel untersuchen wir, wie die Konvergenz der Fibonacci-Verhältnisse ein wirkungsvolles Instrument zur Identifizierung wichtiger Umkehrpunkte im Markt sein kann.

Kapitel 6: Idealer Zeitpunkt zum Eröffnen einer Position Timing ist alles im Handel. Kapitel 6 führt Sie durch den idealen Zeitpunkt für die Eröffnung von Positionen und hilft Ihnen bei strategischen Markteintritten.

Kapitel 7: So optimieren Sie den Handelseintritt Die Optimierung Ihres Handelseintritts ist ein entscheidender Aspekt für einen erfolgreichen Handel. In diesem Kapitel geben wir Einblicke in die Verfeinerung Ihrer Einstiegspunkte und diskutieren die Flexibilität von Stop-Loss-Levels.

Kapitel 8: Die Kunst, aus einem Trade auszusteigen Der Ausstieg aus einem Trade ist genauso wichtig wie der Einstieg in einen. Kapitel 8 befasst sich mit der Kunst der Trade-Exit-Strategien und hilft Ihnen dabei, fundierte Entscheidungen darüber zu treffen, wann Sie Positionen schließen sollten.

Kapitel 9: Eine großartige Kombination aus Fibonacci- und Elliott-Wellen In Kapitel 9 befassen wir uns mit der Synergie von Fibonacci- und Elliott-Wellen. Diese leistungsstarke Kombination kann zu einem tieferen Verständnis der Marktdynamik führen und Ihre Handelsstrategien verbessern.

Kapitel 10: Geheimnisse eines besseren Handelsmanagements Ein effektives Handelsmanagement ist der Schlüssel zum langfristigen Erfolg. Kapitel 10 enthüllt die Geheimnisse eines besseren Handelsmanagements und hilft Ihnen, Ihre Gewinne zu maximieren und gleichzeitig Risiken zu minimieren.

Kapitel 11: Große Fehler, die Sie viel Geld kosten können Fehler beim Trading können kostspielig sein. Kapitel 11 beleuchtet häufige Fehler, die Händler machen, und bietet Einblicke, wie man sie vermeiden kann.

Kapitel 12: Leistungsstarke Fibonacci-Tools in realen Trades In unserem letzten Kapitel demonstrieren wir die praktische Anwendung von Fibonacci-Tools in realen Trades und liefern Ihnen konkrete Beispiele für den effektiven Einsatz dieser Techniken.

Fazit Wir schließen unsere Reise durch die Welt des Fibonacci-Handels ab, indem wir die wichtigsten Erkenntnisse zusammenfassen und Ihnen ein tieferes Verständnis dieses leistungsstarken Marktansatzes vermitteln.

„Vivienne Elara: Die Autorin hinter dem Buch

Vivienne Elara ist mehr als nur ein Name auf dem Cover dieses Buches; Sie ist der leidenschaftliche und visionäre Kopf hinter dieser Arbeit. Die aus dem Vereinigten Königreich stammende Vivienne hegt seit ihrer Jugend eine tiefe Leidenschaft für die Welt der Finanzen und Investitionen und vertieft sich in

Bücher, die Geschichten über sich entwickelnde Märkte, wachsende Volkswirtschaften und Investitionsmöglichkeiten erzählen.

Unter dem Pseudonym Vivienne Elara begann sie, keine Liebesgeschichten, sondern außergewöhnliche Finanzstrategien, Markttrendanalysen und Ansätze für Anlageportfolios zu schreiben. Ihre Führung beruht nicht auf akademischen Titeln, sondern auf ihrer unersättlichen Neugier und strategischen Vision, die Welten und Charaktere zum Leben erweckt haben, die bei Investoren weltweit Anklang finden.

Jedes ihrer Werke ist eine Hommage an die Macht der Ökonomie, mit fesselnden Handlungen, fesselnden Charakteren und unauslöschlichen Momenten, die den Leser von der ersten Seite an fesseln. Ihre Bücher, darunter das gefeierte „Investing in Challenging Times", sind zu Säulen in der Welt der Finanzen und Investitionen geworden.

Außerhalb der Seiten ihrer Bücher lässt sich Vivienne von der umliegenden Natur und dem Alltagsleben inspirieren, die in einem charmanten Dorf in Sussex lebt. Sie ist nicht nur eine Autorin; Sie ist eine Träumerin, eine leidenschaftliche Investorin und eine wahre Liebhaberin der Wirtschaft in all ihren Facetten. Mit diesem Buch teilt sie weiterhin ihre Leidenschaft und erleuchtet die Leser mit ihrer einzigartigen Perspektive."

Prolog

In diesem literarischen Unterfangen werde ich die wesentlichen Instrumente enthüllen, die Händler aller Ebenen bei ihrem Streben nach Handelserfolg einsetzen — die Fibonacci-Retracements und -Erweiterungen. Diese Werkzeuge basieren auf der zeitlosen Grundlage numerischer Sequenzen und dienen als unerschütterliche Spiegel, die das komplexe Geflecht der Marktpsychologie widerspiegeln. Sie werden einen neuen Weg zur Identifizierung kritischer Niveaus innerhalb des Marktes aufzeigen und die Unsicherheit beseitigen, die häufig den Beginn und das Ende von Preisschwankungen mit sich bringt. Wenn Sie sich über aufeinanderfolgende

Handelsverluste ärgern, bietet dieses Kompendium möglicherweise die Lösungen, die Sie suchen, zusammen mit den Abhilfemaßnahmen, um diese zu beheben.

Da ich mich jahrelang mit der Handelslandschaft beschäftigt habe, habe ich es mir zur Aufgabe gemacht, meine Strategien zu teilen, insbesondere mit denen, die neu in der Welt des Handels sind. Meine anhaltende Faszination gilt seit jeher der Analyse von Preisdynamiken und -trends. Unter der Vielzahl der auf Handelsplattformen verfügbaren Tools hat keines meine Aufmerksamkeit so sehr gefesselt wie Fibonacci. Im Kern ist „Fibonacci" einfach eine Methode, numerische Muster in Ihre Handelsentscheidungen einzubeziehen. Auch wenn es zunächst kompliziert erscheinen mag, können Sie sicher sein, dass wir seine Komplexität entmystifizieren werden.

Diese Tools bilden seit über einem Jahrzehnt die Grundlage meiner Handelsstrategien und erstrecken sich über verschiedene Anlageklassen, darunter Aktien, Devisen, Rohstoffe und den sich ständig weiterentwickelnden Bereich des Kryptowährungshandels. Mein Ziel ist es, das gewaltige Potenzial dieser Instrumente zu beleuchten und den richtigen Ansatz zur Nutzung ihrer Kraft zu vermitteln. Wenn Sie das letzte Kapitel dieses Kompendiums abschließen, verfügen Sie über wirksame Strategien, die auf eine Vielzahl von Vermögenswerten angewendet werden können, unabhängig davon, ob Ihr Fokus kurz- oder langfristig liegt.

Wie der weise Warren Buffet bekennt: „Die wichtigste Investition, die Sie tätigen können, ist in sich selbst." Ohne eine konsequente Anpassung Ihres Ansatzes und eine effektive Entschlüsselung der Feinheiten des Marktes bleibt die Erreichung einer Langlebigkeit in diesem Bestreben ein schwer erreichbares Ziel. Wenn Sie nicht mit den grundlegenden Kenntnissen der Fibonacci-Tools an den Markt herangehen, kann dies zu einer ungerechtfertigten Erschöpfung Ihres hart verdienten Kapitals führen. Für Neulinge in der Handelswelt ist das Verständnis der grundlegenden Marktprinzipien, die in den Fibonacci-Tools verankert sind, der entscheidende Faktor, der Ihnen dabei helfen kann, unnötige Verluste auf Ihrem Handelsweg zu vermeiden.

Es wurde empirisch nachgewiesen, dass die in diesem Kompendium vorgestellten Tools bemerkenswerte Handelssignale erzeugen und hervorragende Ergebnisse für Händler aller Art liefern. Jedes Kapitel in diesem Werk ist eng miteinander verknüpft und analysiert Techniken durch die Linse entscheidender Preisaktionselemente auf dem Chart. Insbesondere stehen Candlestick-Muster im Mittelpunkt, die Ihnen einen zuverlässigen Kompass für die Navigation durch die Märkte bieten und gleichzeitig die Komplexität komplizierter Indikatoren vermeiden, die sowohl Zeit als auch Ressourcen verschlingen können.

Darüber hinaus werden Sie die Geheimnisse des Handelskonfluenz entschlüsseln, der in verschiedenen Szenarien von Vorteil ist, und verstehen, warum Bestätigungssignale bei der Auswahl eines Einstiegspunkts unerlässlich sind. Es wird auch deutlich, wie wichtig es ist, eine erfolgsfördernde Denkweise zu entwickeln. Am Ende dieses Kompendiums werden Sie die unverzichtbaren Werkzeuge beherrschen, die Sie auf Ihrer langen Reise in die Welt des Tradings begleiten werden.

KAPITEL 1: ENTHÜLLUNG DER GRUNDLAGEN VON FIBONACCI

Basierend auf den mathematischen Grundlagen der Fibonacci-Reihe verfügt die Fibonacci-Analyse über die einzigartige Fähigkeit, das Ausmaß von Preisschwankungen, ob nach oben oder nach unten, innerhalb des komplexen Geflechts der Finanzmärkte vorherzusagen. Es gilt als eines der ausgewählten Tools, mit denen sich Preisniveaus vor tatsächlichen Marktbewegungen vorhersagen lassen. Der Nutzen der Fibonacci-Analyse ergibt sich aus ihrer Fähigkeit, kritische Unterstützungs- und Widerstandsniveaus zu lokalisieren und Händlern so wertvolle Erkenntnisse für ihre Kauf- und Verkaufsentscheidungen zu liefern.

Der Vorteil von Fibonacci gegenüber nachlaufenden Indikatoren

+ Wie die meisten Indikatoren funktionieren

Die meisten Handelsplattformen verfügen über eine Fülle von Indikatoren, auf die sich Händler häufig verlassen, um ihre Handelsentscheidungen anhand visueller Hinweise zu treffen. Obwohl diese Indikatoren unglaublich wertvoll sein können, ist es wichtig zu erkennen, dass jeder von ihnen seine eigenen Einschränkungen hat.

Im Wesentlichen funktionieren viele technische Indikatoren, indem sie vergangenes Marktverhalten untersuchen und dann mathematische Algorithmen auf historische Daten anwenden, um letztendlich visuelle Signale zu erzeugen, die Händlern als Wegweiser bei ihrer Entscheidungsfindung dienen. Diese Indikatoren fallen in die Kategorie der „Nachlaufindikatoren", ein Begriff, der treffend verwendet wird, um zu verdeutlichen, dass sie sich auf die Analyse früherer Preisbewegungen verlassen. Folglich neigen diese Indikatoren dazu, Händlern ein Feedback zu liefern, das hinter den aktuellen Marktbedingungen zurückbleibt.

Häufige Beispiele für nachlaufende Indikatoren sind gleitende Durchschnitte (MA), gleitende durchschnittliche Konvergenzdivergenz (MACD), relativer Stärkeindex (RSI) und stochastische Oszillatoren. Während diese Tools wertvolle Einblicke in Markttrends und potenzielle Umkehrpunkte liefern können, ist es für Händler von entscheidender Bedeutung, sich ihrer inhärenten Verzögerungen und Einschränkungen bewusst zu sein, wenn sie sie in ihren Handelsstrategien einsetzen.

+ Die Kraft von Fibonacci

Tatsächlich beruht die Stärke der Fibonacci-Analyse nicht auf einer einfachen mathematischen Formel, bei der Sie Zahlen eingeben und sofort eine endgültige Antwort erhalten. Stattdessen liegt seine Stärke in seinem prädiktiven Charakter, der ihn als Frühindikator im Bereich der Handelsinstrumente einstuft. Fibonacci-Tools sind in der Lage, potenzielle Unterstützungs- und Widerstandsniveaus zu erkennen, bevor der Preis sie tatsächlich erreicht .

Frühindikatoren wie Fibonacci geben Händlern die Möglichkeit, zukünftige Preisbewegungen zu antizipieren und ermöglichen es ihnen so, potenzielle Geschäfte zu Beginn einer Marktbewegung einzuleiten. Es ist jedoch wichtig zu erkennen, dass Fibonacci-Tools zwar wirksam sind, sich jedoch allein auf sie möglicherweise nicht zu konsistenten langfristigen Gewinnen bringt. Um mit diesen Tools Zuverlässigkeit zu erreichen, ist häufig ihre Integration mit anderen Analysetechniken erforderlich, einschließlich einer starken Fokussierung auf Preisbewegungen und der Einhaltung strenger Regeln für das Handelsmanagement. Auf diese Aspekte wird in den folgenden Abschnitten dieses Buches näher eingegangen.

Woher kommen Fibonacci-Zahlen?

Leonardo Pisano Bogollo , bekannt als Leonardo Fibonacci, führte im 13. Jahrhundert die Fibonacci-Reihe in der westlichen Welt ein. Diese Zahlenfolge besitzt bemerkenswerte mathematische Eigenschaften und Verhältnisse, die nicht nur in der Natur, historischen Artefakten und der Biologie, sondern auch auf den Finanzmärkten beobachtet werden können. Dies ist einer der Hauptgründe, warum viele Anleger die Fibonacci-Analyse nutzen, um signifikante Wendepunkte in Preisdiagrammen zu identifizieren.

Um die Fibonacci-Folge zu verstehen, beginnen wir mit den Zahlen Null und Eins. Anschließend addieren wir die beiden vorhergehenden Zahlen, um die nächste Zahl in der Folge zu erhalten, wodurch eine unendliche Folge wie folgt entsteht:

0, 1, 1, 2, 3, 5, 8, 13, 21, 34, 55, 89, 144, 233, 377, 610, 987...

Beispielsweise ist die Zahl 3 die Summe der beiden vorherigen Zahlen 2 und 1.

Dies ist der Ursprung der Fibonacci-Folge, bei der jede Fibonacci-Zahl eine bestimmte Position in der Reihe einnimmt. Die Sequenz dient als Grundlage für die Berechnung von Fibonacci-Verhältnissen wie Retracements und Extensions, die in den folgenden Kapiteln detailliert beschrieben werden.

Die Fibonacci-Folge und die damit verbundenen Verhältnisse und Proportionen haben in verschiedenen Facetten der natürlichen Welt Anwendung gefunden. Sie fragen sich jedoch vielleicht, wie dies mit den Finanzmärkten zusammenhängt. Märkte bestehen im Wesentlichen daraus, dass Einzelpersonen ihre eigenen Investitionsentscheidungen treffen. Wenn Sie jedoch eine Vielzahl von Menschen zusammenbringen, die alle die gleiche Marktentwicklung beobachten, können Sie gemeinsame Emotionen, gemeinsame Psychologie und ähnliche Reaktionen beobachten, die alle die Marktdynamik beeinflussen. Diese kollektiven Reaktionen und die daraus resultierenden Marktergebnisse bieten einen weiteren Bereich, in dem sich die Anwendung der Fibonacci-Analyse als wertvoll erweist.

Fibonacci-Retracement-Verhältnisse

Einfach ausgedrückt werden Fibonacci-Retracement-Verhältnisse verwendet, um zu bestimmen, wohin der Preis nach einem Swing zurückkehren kann, was einen Handelseinstieg erleichtert.

Beispielsweise werden in einem Aufwärtstrend die Fibonacci-Retracements vom Haupttief eines Swing bis zum Haupthoch des Swing platziert und erzeugen so eine Reihe von Preisniveaus, die als potenzielle Unterstützung für jedes Retracement/ jede Korrektur vom vorherigen Swing dienen können.

Das Prinzip ähnelt einem Abwärtstrend, unterscheidet sich jedoch darin, welche Niveaus zur Suche nach potenziellem Widerstand herangezogen werden.

Es gibt einige bemerkenswerte Zusammenhänge zwischen diesen Zahlen, die die Grundlage des Fibonacci-Handels bilden. Obwohl wir in diesem Kapitel nicht alle Zusammenhänge behandeln können, sind einige der unten aufgeführten Verhältnisse die wichtigsten Retracement-Levels, die Sie kennen sollten.

- Wenn Sie eine Zahl durch die folgende Zahl dividieren, ergibt sich etwa 0,618. Diese Zahl ist die Grundlage für das 61,8-Prozent-Fibonacci-Retracement-Niveau.

- Wenn Sie eine Zahl durch die zweite Zahl danach teilen, erhalten Sie ungefähr 0,382. Diese Zahl ist die Grundlage für das 38,2-Prozent-Fibonacci-Retracement-Niveau.

- Wenn Sie eine Zahl durch die dritte Zahl danach teilen, erhalten Sie ungefähr 0,236. Diese Zahl ist die Grundlage für das 23,6-prozentige Fibonacci-Retracement-Niveau.

Wenn Sie Fibonacci-Retracements auf einem Trading-Chart gesehen oder über Fibonacci-Retracements gelesen haben, haben Sie wahrscheinlich einige zusätzliche Niveaus gesehen, die naturgemäß nicht aus Fibonacci-Verhältnissen abgeleitet sind. Ein typisches Beispiel hierfür ist die Mittellinie bzw. das 50-Prozent-Retracement. Das 50-Prozent-Niveau hat einen psychologischen Einfluss auf das Diagramm. Hier reagieren die Märkte häufig, daher wird dieses Niveau normalerweise von Händlern verwendet.

Ein weiteres beliebtes Niveau, das nicht aus der Fibonacci-Folge stammt, ist 78,6 Prozent. Das Hinzufügen dieses Niveaus zu den Fibonacci-Retracements führt zu einem Gleichgewichtsgefühl mit der 50-Prozent-Marke in der Mitte, zwei Niveaus darüber und zwei darunter. Darüber hinaus ist der Wert von 0,786, obwohl er ursprünglich nicht aus der Fibonacci-Folge abgeleitet ist, die Quadratwurzel von 0,618, was ein interessanter Aspekt ist.

Die 78,6-Prozent-Linie ist das tiefste Retracement-Niveau. Händler werden das Potenzial einer Umkehr sorgfältig analysieren , wenn der Preis bis zu diesem Punkt korrigiert wird.

Jetzt haben wir die wichtigsten Niveaus, die beim Fibonacci-Retracement verwendet werden: 23,6 Prozent, 38,2 Prozent, 50 Prozent, 61,8 Prozent und 78,6 Prozent.

Fibonacci-Erweiterungs-/Erweiterungsverhältnisse

Fibonacci-Erweiterungen, auch Expansionen genannt, weisen Ähnlichkeiten mit Fibonacci-Retracements auf, da sie Fibonacci-Verhältnisse nutzen, um potenzielle Preisumkehrzonen zu lokalisieren. Dennoch besteht ihre Hauptfunktion darin, die Impulswellen zu bewerten, die einem Retracement innerhalb des übergeordneten Trends folgen. Diese Tools reichen über frühere Swing-Punkte hinaus, um Unterstützungs- oder Widerstandsniveaus abzugrenzen und bieten Händlern wertvolle Erkenntnisse zur Identifizierung von Ausstiegspunkten für ihre bestehenden Positionen. Wir werden uns in Kapitel 4 eingehender mit dem entscheidenden Unterschied zwischen Fibonacci-Erweiterungen und Fibonacci-Erweiterungen befassen.

Kehren wir nun zur faszinierenden Fibonacci-Folge zurück:

0, 1, 1, 2, 3, 5, 8, 13, 21, 34, 55, 89, 144, 233, 377, 610, 987…

Erinnern Sie sich an den Prozess der Berechnung von Retracement-Verhältnissen durch Division einer Zahl durch die nachfolgende(n) Zahl(en). Beim Umgang mit Erweiterungsebenen ist die Vorgehensweise umgekehrt. Im weiteren Verlauf der Folge ergibt die Division einer Zahl durch die Zahl davor bestimmte Verhältnisse. Wenn man beispielsweise 89 durch 55 dividiert, erhält man ein Verhältnis von etwa 1,618.

Darüber hinaus ergibt die Division einer Zahl durch zwei Stellen links ein Verhältnis von etwa 2,618. Ebenso ergibt die Division einer Zahl durch drei Stellen links ein Verhältnis von etwa 4,236.

Ähnlich wie Retracement-Level umfassen Erweiterungen zwei „inoffizielle" Level: 100 Prozent und 200 Prozent. Diese Niveaus sind zwar nicht Teil der Fibonacci-Folge selbst, stellen aber Punkte dar, an denen sich die psychologischen Reaktionen der Händler manifestieren. Daher können diese Ebenen bei Analyse- und Entscheidungsprozessen im Bereich der Finanzmärkte von Bedeutung sein.

Fibonacci-Goldener Schnitt

Wie oben erwähnt, ergibt jede Zahl in der Reihe (mit Ausnahme der ersten Zahlen), dividiert durch die vorherige, etwa 1,618. Dies ist als Fibonacci-Goldener Schnitt bekannt. Für Fibonacci-Händler sind der Goldene Schnitt und sein Kehrwert (0,618) das, worauf sie bei der Suche nach einem Einstiegs- und Ausstiegsniveau am meisten achten.

Andere Fibonacci-Tools

Sie haben vielleicht schon von anderen verfügbaren Fibonacci-Handelstools gehört und fragen sich, warum ich sie in diesem Buch nicht erwähne.

Eine kurze Antwort: Mein Handelsplan basiert auf Retracements und Extensions, und für mich reichen diese aus, um erfolgreiche Trades auszuführen.

Ich möchte nicht sagen, dass es sich nicht lohnt, andere Tools auszuprobieren. Tatsächlich verwenden einige Händler immer noch Fibonacci-Fächer, Zeitzonen oder Bögen als Kern ihres Systems. Sie können diese irgendwann im Laufe Ihrer Trading-Karriere ausprobieren. Wenn Sie mich um Rat fragen, würde ich Ihnen empfehlen, zuerst Retracements und Extensions zu beherrschen, bevor Sie die anderen verwenden.

Die Anwendung von Fibonacci-Retracement- und Extension-Strategien

Fibonacci-Retracements und -Erweiterungen funktionieren sowohl bei einem Aufwärtstrend als auch bei einem Abwärtstrend. Während ich in diesem Buch versuche, Strategien in beide Richtungen abzudecken, gibt es bestimmte Fälle, in denen ich einen Aufwärtstrend als Beispiel verwende. Bedenken Sie in einem solchen Fall bitte, dass es bei einem Abwärtstrend ähnlich zugeht.

Beispiel: Wenn ich vorschlage, eine Long-Order zu platzieren, wenn der Preis in einem Aufwärtstrend **über** den 50 einfachen gleitenden Durchschnitt (SMA) fällt, können Sie daraus schließen, dass eine Short-Order platziert werden kann, wenn der Preis in einem Abwärtstrend unter den 50 SMA **fällt** .

KAPITEL 2: ERKUNDUNG DER WESENTLICHEN ANFORDERUNGEN FÜR EINE GENAUE TREND-IDENTIFIZIERUNG

Bevor wir lernen, wie man die Fibonacci-Retracements und -Erweiterungen effektiv zeichnet und analysiert, sprechen wir zunächst über „den Trend", denn er ist die Säule für den Erfolg beim Fibonacci-Handel.

Ein Trend ist die allgemeine Preisrichtung eines Vermögenswerts über einen bestimmten Zeitraum. Es gibt zwei Arten von Trendmärkten: Aufwärtstrend (auch Aufwärtstrend oder Aufwärtstrend) und Abwärtstrend (auch Abwärtstrend oder Abwärtstrend). Wenn es keinen Trend gibt, nennen wir es einen Seitwärtsmarkt (Range-bound-Markt oder Ranging-Markt).

Der Schlüssel zum erfolgreichen Handel mit Fibonacci liegt darin, in die Richtung des Gesamttrends zu handeln.

Es klingt einfach, aber es ist nicht immer einfach, die richtige Richtung des Trends zu bestimmen. Mit anderen Worten: Die Bestimmung eines Trends geht weit über das hinaus, was zu jedem Zeitpunkt erkennbar ist.

Um Gewinne zu erzielen, ist es notwendig, eine Position in die richtige Richtung zu eröffnen. Wenn der Trend steigt und Sie eine Short-Position eingehen, ist die Wahrscheinlichkeit groß, dass Sie mit einem Verlust enden. Die falsche Bestimmung eines Trends kann zu katastrophalen Folgen führen.

Drei Arten von Marktverhalten

Schauen wir uns nun diese drei Arten von Marktverhalten sowie einige zuverlässige Methoden zur Erkennung eines Trends genauer an.

+ Seitwärtsmarkt

Bei einem Seitwärtsmarkt (Range-bound-Markt oder Ranging-Markt) ist kein Aufwärts- oder Abwärtstrend der Preise erkennbar. In einem Seitwärtsmarkt bewegen sich die Preise in einer Spanne und ändern mehrmals die Richtung, bevor sich ein klarer Trend bildet und entwickelt.

Statistiken zeigen, dass der Preis in 30 Prozent der Fälle einen Trend aufweist und sich in den restlichen 70 Prozent der Zeit in Schwankungen bewegt. Seitwärtsmärkte können für Händler sehr frustrierend sein. In dieser Art von Markt muss ein Händler geduldig sein, bis es Anzeichen dafür gibt, dass die Seitwärtsphase vorbei ist und der Markt eindeutig einen Aufwärts- oder Abwärtstrend aufweist. Schauen wir uns unten einen bereichsgebundenen Markt an:

Der Handel in einem bereichsgebundenen Markt kann schwierig sein. Ohne einen klaren Trend, auf den man aufspringen kann, ist es schwierig, gute Ein- und Ausstiegspunkte zu bestimmen, was zu potenziell katastrophalen Verlusten führen kann. Für die meisten Händler ist es ratsam, sich von schwankenden Märkten fernzuhalten.

+ Trendmärkte

Das Gegenteil eines Seitwärtsmarktes ist ein Trendmarkt, einschließlich Aufwärtstrend und Abwärtstrend.

Beachten Sie, dass Sie in jedem Trading-Chart wahrscheinlich sehen werden, dass die Preise **nicht in einer geraden Linie in eine beliebige Richtung verlaufen, sondern eher in einer Reihe von Hochs und Tiefs.**

Lassen Sie uns über den Aufwärtstrend sprechen. Ein **Aufwärtstrend** zeigt eine allgemeine Aufwärtsbewegung des Preises, bestehend aus höheren Hochs und höheren Tiefs. Schauen Sie sich das folgende Beispiel an:

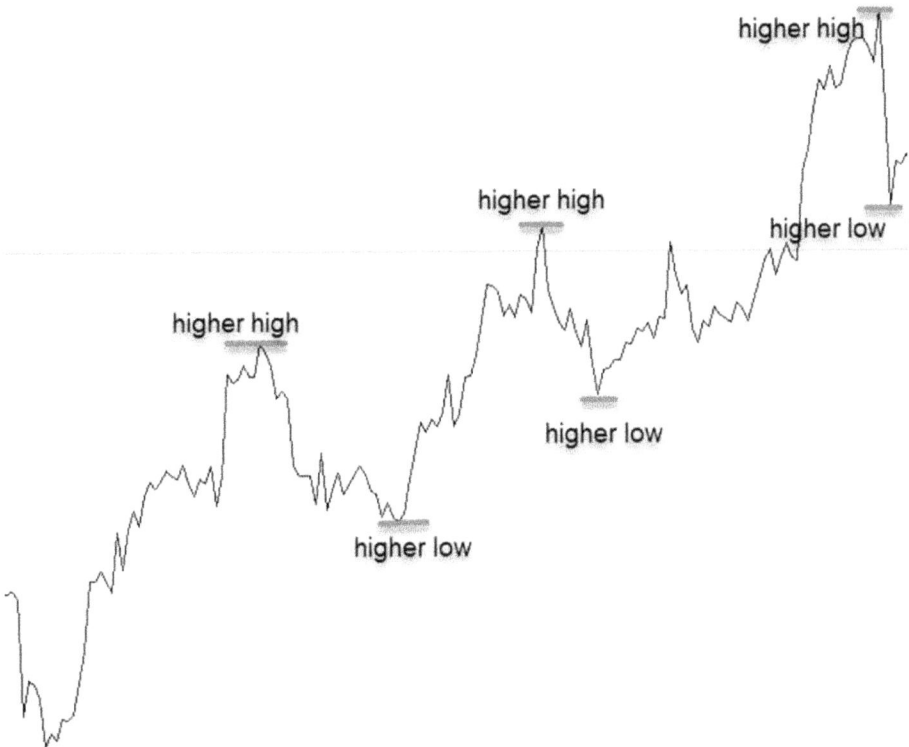

Bei einem Abwärtstrend erzeugen die Preise niedrigere Hochs und tiefere Tiefs. Schauen wir uns noch einmal einen typischen Abwärtstrend unten an:

Die Bestimmung der großen Hochs und großen Tiefs spielt eine entscheidende Rolle bei der Zeichnung von Fibonacci-Retracements und -Erweiterungen, auf die ich später im Detail eingehen werde.

Bedenken Sie, dass der Preis in einigen ungewöhnlichen Fällen direkt steigen oder fallen kann. Dies geschieht meist, wenn unerwartete Nachrichten bei Händlern Panik oder Euphorie auslösen. Auf dem Chart mag es vielversprechend aussehen; Allerdings ist der Handel in solchen Situationen sehr riskant.

Trend zu erkennen

Mithilfe technischer Analysetools kann der aktuelle Trend des Marktes ermittelt werden. Einer der beliebtesten Indikatoren, die von vielen erfahrenen Händlern verwendet werden, ist der einfache gleitende Durchschnitt (SMA), also der 200 SMA. Wenn der Preis über dem 200 SMA liegt, sollten Sie erwägen, Ihre Long-Position einzugehen oder darin zu bleiben. Andernfalls sollten Sie nach einer Short-Position suchen.

Welcher gleitende Durchschnitt verwendet wird, hängt stark vom Geschmack des Händlers ab. Einige Händler bevorzugen möglicherweise den 200 SMA, während andere auf den 50 SMA oder 30 SMA achten. Es gibt keinen festen Vorschlag, welches SMA verwendet werden sollte.

Mein Lieblingssatz gleitender Durchschnitte:

Um den Markttrend zu bestätigen, bevorzuge ich eine Reihe kürzerer gleitender Durchschnitte wie folgt:

- Der 20 linear gewichtete gleitende Durchschnitt (20 LMA)
- Der 35 linear gewichtete gleitende Durchschnitt (35 LMA)
- Der 50 linear gewichtete gleitende Durchschnitt (50 LMA)

Das Prinzip: Wenn der 20 LMA sowohl über dem 35 LMA als auch über dem 50 LMA liegt und der 35 LMA in der Mitte liegt, dann ist der Trend wahrscheinlich bullisch. In diesem Fall suche ich nach einem langen Eintrag. Dies ist im Bild unten dargestellt.

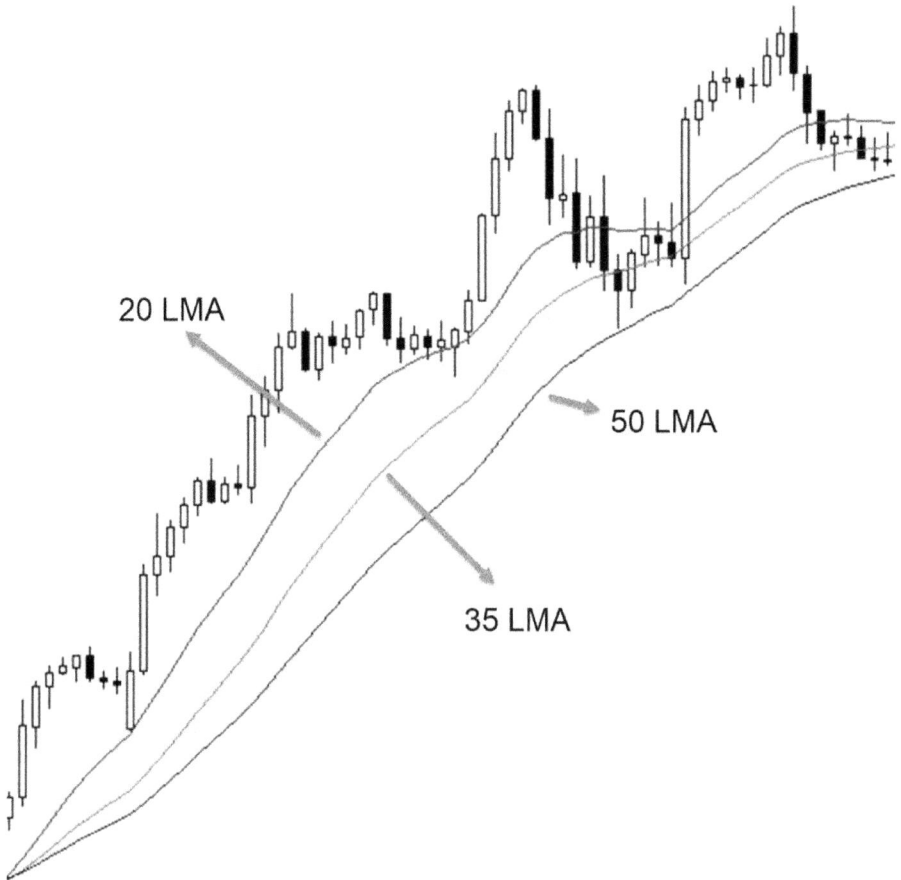

20 LMA

50 LMA

35 LMA

Wenn der 20 LMA sowohl unter dem 35 LMA als auch unter dem 50 LMA liegt und der 35 LMA in der Mitte liegt, dann übernehmen die Bären wahrscheinlich die Kontrolle. In diesem Fall suche ich nach einem kurzen Eintrag. Werfen wir einen Blick auf die Tabelle unten.

50 LMA

35 LMA

20 LMA

Wenn die gleitenden Durchschnitte gemischt sind und keine der oben genannten Bedingungen erfüllen, kann ich andere Tools verwenden, um nach Hilfe zu suchen, oder einfach warten, bis sich eine klare Richtung abzeichnet.

Die Bedeutung eines längeren Zeitrahmens

Jetzt haben Sie einige Hintergrundinformationen darüber, wie Sie den aktuellen Trend erkennen können. Wenn es einen Trend gibt und Sie ihn erfolgreich erkennen, haben Sie die Hälfte des Weges zu einem guten Trade geschafft.

Die Bestimmung eines Trends ist von größter Bedeutung. Dennoch kann es für Händler schwierig sein, da der Chart manchmal nur Turbulenzen anzeigt. In diesen Fällen sollten Sie **auf einen längeren Zeitrahmen umsteigen** , um ein klareres Bild des Marktes zu erhalten.

Wenn Sie über den Trend verwirrt sind, beobachten Sie ihn über einen längeren Zeitraum. Im folgenden Ein-Stunden-Chart könnten Sie denken, dass es sich um einen bereichsgebundenen Markt handelt.

Um dies zu überprüfen, schauen Sie sich den untenstehenden Vier-Stunden-Zeitrahmen an.

Jetzt sollten Sie zuversichtlicher sein, um zu bestätigen, dass der Trend bullisch ist.

Kommen wir zu einigen anderen Beispielen, an denen Sie sehen können, warum Signale aus einem längeren Zeitrahmen so vorteilhaft sind.

Unten sehen Sie das einstündige Diagramm, das das Währungspaar Australischer und US-Dollar (AUD/USD) darstellt.

nearly touched the 50% level

100.0

61.8

50.0

38.2

0.0

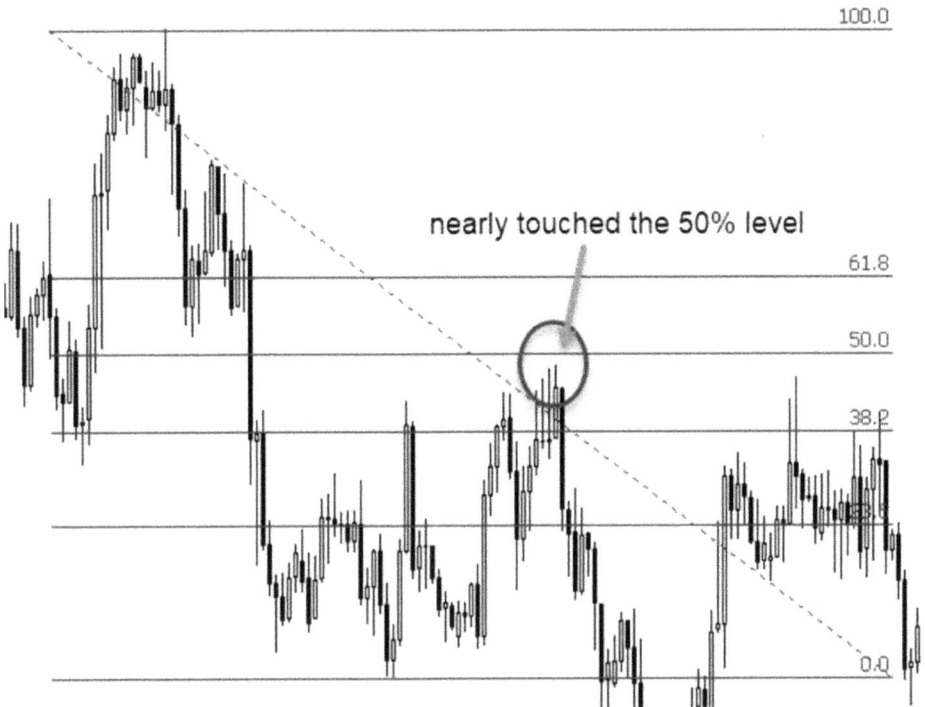

Die Lage schien günstig für einen Short-Einstieg, bei dem der Preis nach einem Abwärtstrend fast auf das 50-Prozent-Niveau zurückkehrte.

Um dies zu überprüfen, wechseln wir zu einem längeren Zeitrahmen. Unten sehen Sie den Vier-Stunden-Chart für dasselbe Paar.

Wie Sie sehen, sieht es auf dem Vier-Stunden-Chart ganz anders aus. Ein Leerverkauf könnte Sie in Gefahr bringen, da der zugrunde liegende Trend bullisch war. Der scheinbare Abwärtstrend, den wir auf dem Ein-Stunden-Chart sahen, war lediglich Teil einer Korrektur.

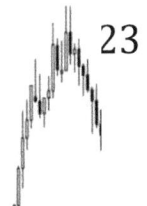

23

Es gibt hier einige technische Implikationen mit den auf dem Diagramm eingezeichneten Fibonacci-Niveaus, die bei Ihnen als Händler zu Verwirrung führen können. Mach dir keine Sorge; Sie werden in den nächsten Kapiteln ausführlich beschrieben. Die obigen Bilder sollen lediglich die Idee veranschaulichen, dass ein längerer Zeitrahmen Ihnen besser dabei hilft, einen Markttrend zu erkennen.

Die Verwendung von Fibonacci-Retracements

Fibonacci-Retracement-Level werden hauptsächlich zur Bestimmung von Unterstützungs- und Widerstandsniveaus verwendet. Irgendwann kann sich die Korrelation zwischen Angebot und Nachfrage auf dem Markt ändern und die dominierende Seite könnte dabei an Schwung verlieren. Der Markt könnte gewisse Rückschläge erleben, bevor er seinen Gesamttrend fortsetzt.

In einem Aufwärtstrend könnten Sie bei einer Korrektur bis zu einem wichtigen Unterstützungsniveau eine Long-Position (Kauf) eingehen, während Sie in einem Abwärtstrend eine Short-Position (Verkauf) suchen könnten, wenn der Preis bis zu einem der wichtigen Widerstandsniveaus korrigiert.

Wie zeichnet man die Retracement-Levels ein?

Bisher haben wir gezeigt, dass der Preis in einem Trendmarkt selten direkt nach oben oder unten geht. Tatsächlich führen seine Bewegungen oft dazu, höhere Hochs und höhere Tiefs zu erzeugen, oder umgekehrt.

Mit anderen Worten: Der Preis bewegt sich in Zickzack-Formen, die oft als Swings oder Wellen bezeichnet werden. Das Zeichnen der Fibonacci-Retracement-Levels auf dem Trading-Chart erfordert klare Kenntnisse über das Swing-Hoch und das Swing-Tief.

Zunächst müssen wir eine Swing-Bewegung in Richtung des Gesamttrends (von A nach B) identifizieren. Nach dem Hauptschwung sollte es eine Korrektur in die entgegengesetzte Richtung zu Punkt C geben. Punkt C sollte zwischen den Punkten A und B liegen. Auf einem Chart, der einen Aufwärtstrend darstellt, könnte das so aussehen:

Im Folgenden finden Sie vier wesentliche Schritte zum korrekten Zeichnen von Fibonacci-Retracements:

- Stellen Sie fest, ob eine klare Marktstruktur vorliegt (große Zickzackformen).
- Identifizieren Sie den Gesamttrend (nach oben oder unten).
- Bestimmen Sie das jüngste Hoch und Tief des großen Swings.
- Verbinden Sie die beiden Extrempunkte A und B (vom höchsten zum niedrigsten Wert während eines Abwärtstrends und vom niedrigsten zum höchsten Wert während eines Aufwärtstrends).

Schauen wir uns die Fibonacci-Retracements an, die auf einem Aufwärtsdiagramm eingezeichnet sind.

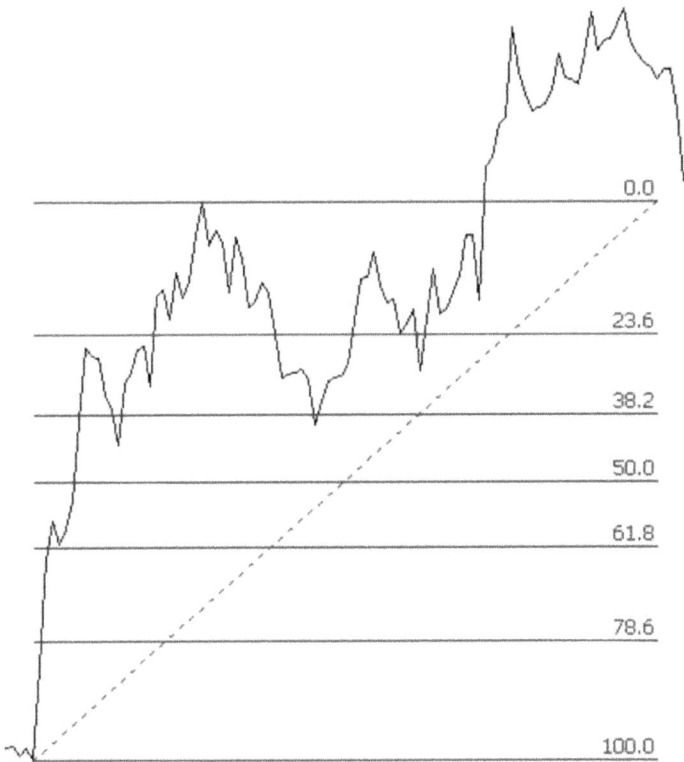

Sollte der Preis das Retracement-Level erreichen?

Einige Händler haben möglicherweise ihre bevorzugten Niveaus, von denen sie glauben, dass der Markt häufig zurückfällt, beispielsweise 61,8 Prozent oder 38,2 Prozent des vorherigen Swings. Ihre Erfahrung mit vielen Trades und Trends kann dazu führen, dass sie diese Niveaus streng nutzen. Allerdings kann das Retracement etwas flacher oder tiefer als das exakte Fibonacci-Niveau ausfallen, und es handelt sich immer noch um eine gültige Bewegung.

Wir alle sollten auf diese Zeiten vorbereitet sein, um gute Gelegenheiten nicht zu verpassen.

Werfen Sie einen Blick auf die Tabelle US-Dollar/Schweizer Franken

(USD/CHF) unten.

Wir können sehen, dass es einen vorherrschenden Abwärtstrend gab. Dann kam die Korrektur, bei der es so aussah, als würde der Preis das 61,8-Prozent-Retracement-Niveau erreichen, was aber nicht der Fall war. Es handelte sich jedoch immer noch um eine gültige Korrektur. Nach dem

Retracement erholte sich der Preis deutlich wieder zu seinem ursprünglichen Trend.

Fibonacci-Retracement-Level zwischen 0 Prozent und 100 Prozent

Wie ich bereits erwähnt habe, ist die Verwendung einiger der häufigsten Fibonacci-Retracement-Level mehr als ausreichend. Ich werde nicht sagen, dass andere Ebenen nutzlos sind oder nicht effektiv funktionieren. Sie können mehr Ebenen verwenden, aber zu Beginn möchten Sie es vielleicht einfach halten und Ihre Entscheidungen auf einige der unten gezeigten Ebenen stützen.

Mit der Zeit, wenn Sie mehr Erfahrung sammeln, werden Sie entscheiden, welche die wichtigsten sind und welche Sie lieber verwenden.

Berücksichtigen Sie dementsprechend diese Ebenen:

- 23,6 Prozent
- 38,2 Prozent
- 50 Prozent
- 61,8 Prozent
- 78,6 Prozent

Verwenden Sie Fibonacci, um die Stärke des Marktes zu definieren

Meiner Erfahrung nach ist der Gesamttrend umso stärker, je flacher die Retracements sind.

Ein flacher Rückgang tritt häufig um die 23,6-Prozent- und 38,2-Prozent-Werte auf. Verständlicherweise kommt es in einem **stark** im Trend liegenden Markt typischerweise zu geringfügigen Rückschlägen. Wenn sich ein Markt stark in eine Richtung bewegt, sehen wir oft nicht genügend Unterstützung hinter der Gegenbewegung. Mit anderen Worten: Obwohl die dominierende Seite an Schwung verliert, ist die Gegenseite nicht stark genug, um eine erhebliche Korrektur vorzunehmen. Es ist daher sehr wahrscheinlich, dass sich der Trend in der zugrunde liegenden Richtung fortsetzt.

Vor diesem Hintergrund können wir nicht leugnen, dass ein Rückgang auf die 61,8-Prozent-Linie (oder sogar die 78,6-Prozent-Linie) später immer noch einen sehr starken Trend auslösen kann.

Beobachten Sie flache Retracements genau, denn die Chancen stehen gut, dass Sie später einem starken Trend folgen . Bei einem sehr starken Trend und einem flachen Retracement (z. B. 23,6 Prozent oder 38,2 Prozent) können Sie nach Möglichkeiten für den Einstieg in einen Handel suchen, die die Wahrscheinlichkeit größerer Verluste verringern. Auf diese gehen wir im Detail in Kapitel 6 und Kapitel 7 ein.

Werfen Sie einen Blick auf das GBP/JPY-Diagramm unten.

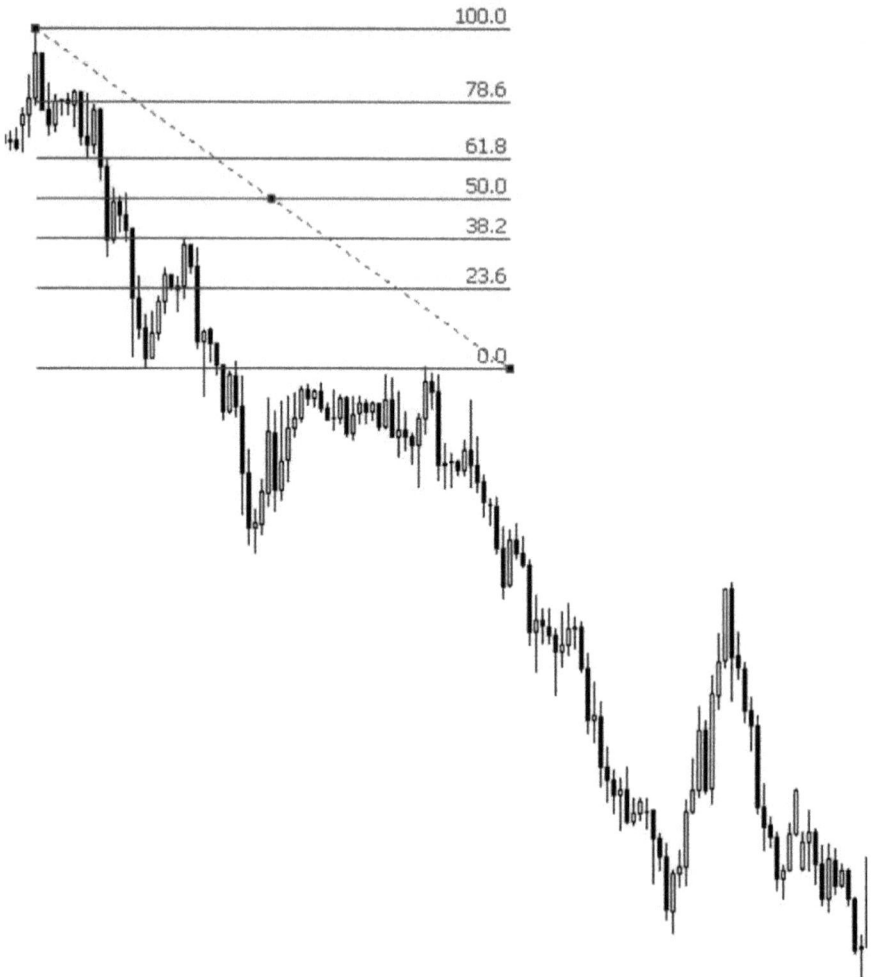

Beachten Sie, dass der Preis die 38,2-Prozent-Marke erreichte, bevor es zu einem starken Ausverkauf kam. In diesem Fall war ein flaches Retracement das Signal für eine sofortige und starke Rückkehr in die ursprüngliche Richtung.

Identifizieren Sie einen Einstiegspunkt

Sobald Sie wissen, wie man die Retracement-Linien zeichnet, können Sie einen Trade zu einem besseren Preis eröffnen.

Aber wann sollte man einen Trade eingehen?

Dies ist die größte Herausforderung, nachdem die richtigen Retracement-Level ermittelt wurden. Genauere Anleitungen zum Eingehen eines Handels finden Sie in Kapitel 6 und Kapitel 7. Bevor Sie jedoch zu diesen Kapiteln übergehen, ist es wichtig, dass Sie einige grundlegende Optionen verstehen, die Ihnen zur Verfügung stehen, wenn sich der Preis den Retracement-Niveaus nähert.

Schauen wir uns die Tabelle unten an.

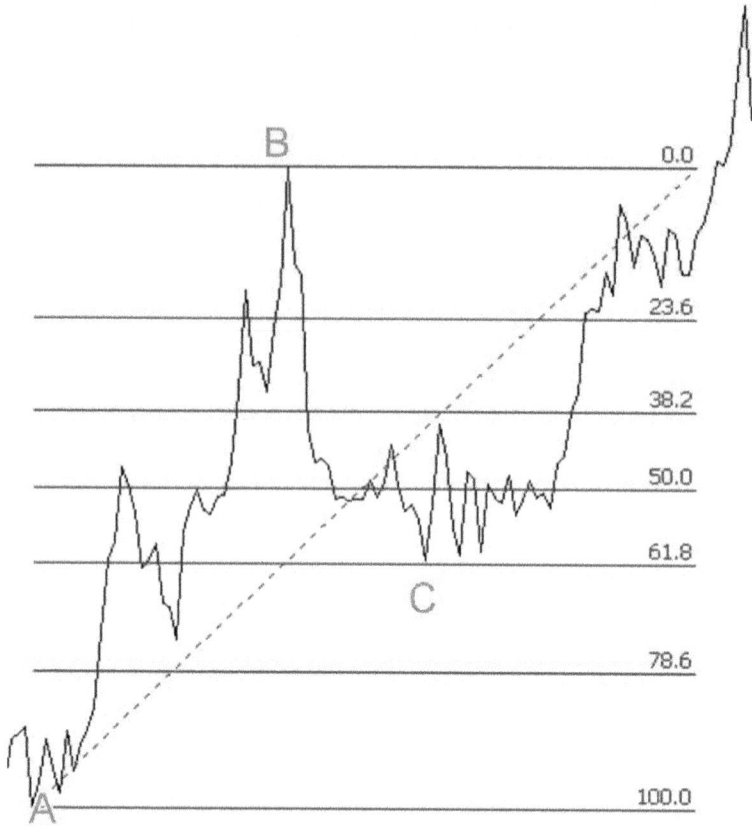

Der Einfachheit halber verwenden wir ein Liniendiagramm. Bei Ihrem echten Handel sollten Sie jedoch die Verwendung eines Candlestick-Charts in Betracht ziehen. Ein Candlestick-Chart bietet immer mehr Details als ein Liniendiagramm.

Es ist klar, dass ein Aufwärtstrend vorherrschte. Nach einer Swing-Bewegung von A nach B kam es zu einer starken Korrektur nach C. In diesem Szenario warten wir auf eine Long-Position, da der Gesamttrend bullisch war.

Jetzt haben wir zwei Möglichkeiten, eine Position zu eröffnen.

32

Option 1: Aggressiver Handel

In diesem Fall sind Sie bereit, im Gegenzug für eine mögliche hohe Rendite ein hohes Risiko einzugehen. Wenn der Preis (fast) die 61,8-Prozent-Marke erreicht, platzieren Sie eine Long-Position. Der Wert von 61,8 Prozent wird oft als psychologischer Wert angesehen; Daher kann der Preis in vielen Fällen das Niveau berühren (oder es fast erreichen, wenn die Gegenseite sehr stark ist) und sich umkehren.

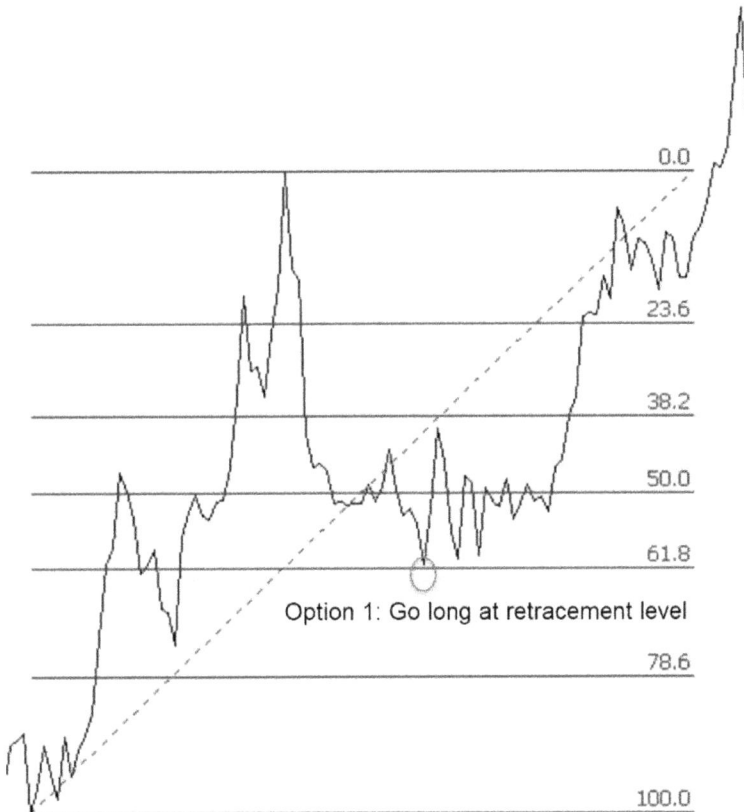

Option 1: Go long at retracement level

Bedenken Sie, dass der Wert von 61,8 Prozent nur zur Veranschaulichung dient. In einigen Fällen, wenn Ihre Analyse darauf hinweist, dass der Preis auf anderen Niveaus zurückgehen könnte, können Sie den Handel auf diesen Niveaus eröffnen.

33

Dies gilt als gefährliche Art des Handels. Denken Sie daran, dass der Preis möglicherweise nicht auf ein neues Hoch steigen wird. Sie wissen nicht, ob der Markt eine tiefere Korrektur vornehmen wird oder nicht. Die Anwendung dieser Handelsoption kann bei Händlern extreme Ängste hervorrufen.

Ein Vorteil dieser Methode besteht darin, dass Sie enorme Gewinne erzielen *können*, sobald sich der Markt Ihren Erwartungen entsprechend entwickelt.

Option 2: Konservativer Handel – Verwendung von Bestätigungssignalen/ Triggern

Bei dieser Methode führen Sie Ihren Handel in Verbindung mit anderen Bestätigungssignalen und Auslösern aus, die die Chancen besser zu Ihren Gunsten beeinflussen.

Wenn Sie weiterhin das vorherige Beispiel verwenden und sehen, dass 61,8 Prozent wahrscheinlich das Retracement ist, von dem aus eine Erholung erfolgen könnte, sollten Sie bereit sein, eine Long-Position einzugehen.

Im Gegensatz zum ersten Fall warten Sie jedoch auf Bestätigungsauslöser.

Tatsächlich lassen sich Fibonacci-Muster am besten in Kombination mit Candlestick-Mustern und Indikatoren verwenden.

Auf Bestätigungsauslöser zu warten bedeutet, darauf zu warten, dass der Preis auf den Fibonacci-Niveaus reagiert. Zu den besten Reaktionen auf einen Einstieg gehört ein Ausbruch oder ein Candlestick-Muster (Engulfing-Muster, Pin-Bar oder Doppel-Tops/Bottoms usw.).

Wenn es ein Bestätigungssignal gibt, gehen Sie long. Bedenken Sie, dass Bestätigungssignale nicht immer zu 100 Prozent korrekt sind und auch nicht die Rentabilität der Geschäfte gewährleisten. Wenn jedoch viele Indikatoren in die gleiche Richtung weisen, können Sie eine gute Vorstellung davon bekommen, wohin sich der Preis entwickelt.

Welches ist besser?

Einige Händler befürworten möglicherweise die erste Option, um potenzielle Gewinne zu maximieren. Sie argumentieren, dass ihnen die zweite Methode möglicherweise einen schlechteren Einstiegspreis verschafft, was ihre Gewinne schmälert.

Wenn Sie jedoch geduldig genug sind, können Sie die Chancen besser zu Ihren Gunsten nutzen. Hier ist der Grund:

- Wie wir besprochen haben, funktioniert Fibonacci nicht in 100 Prozent der Fälle. Wenn Sie Zweifel haben, ob der Markt das Fibonacci-Niveau respektiert, sollten Sie auf eine zuverlässige Bestätigung durch andere Tools und Signale warten.

- Obwohl Fibonacci-Niveaus vom Markt oft respektiert werden, kann es aufgrund des enormen Abstands zwischen den Niveaus schwierig sein, ein ideales Einstiegsniveau auszuwählen und gleichzeitig eine gute Kapitalverwaltung sicherzustellen. Durch Bestätigungsauslöser können Händler problemlos einen günstigeren Stop-Loss platzieren und so ein besseres Risiko-Ertrags-Profil festlegen.

Jeder Händler muss mehrmals üben, bevor er entscheidet, welche Methode für ihn/sie am besten geeignet ist. Welche Methode Händler wählen, hängt stark von ihren Handelsfähigkeiten, ihrer mentalen Stärke, ihrem Handelsstil und vielem mehr ab. Für mich ist der Handel mit mindestens einem Bestätigungssignal (außer Fibonacci) meine meiste Wahl.

In den folgenden Kapiteln beschreiben wir **im Detail** , wann und wo Sie Ihre Position eröffnen können, indem Sie Fibonacci und verschiedene Tools kombinieren.

Setzen Sie einen Stop- Loss

Beim Handel mit Fibonacci ist es etwas schwierig, einen Stop-Loss zu platzieren. Händler, die Fibonacci in Kombination mit Candlestick-Mustern oder Preisbewegungen verwenden, bevorzugen möglicherweise einen engeren Stop-Loss, um ein gutes Risiko-Ertrags-Verhältnis zu erzielen. Obwohl wir seine Rolle bei der Sicherung eines langfristigen Gewinnvorteils nicht leugnen können, kann der Handel auf diese Weise aufgrund der Marktvolatilität auch gefährlich sein.

Schauen wir uns nun die Fibonacci-Retracement-Levels an, um einige potenzielle Stellen für einen Stop-Loss zu sehen.

Nehmen Sie zunächst an, dass Sie nach einer Korrektur auf Punkt C im Diagramm unten eine Long-Position eröffnet haben. Wo sollten Sie die Stop-Loss-Order platzieren?

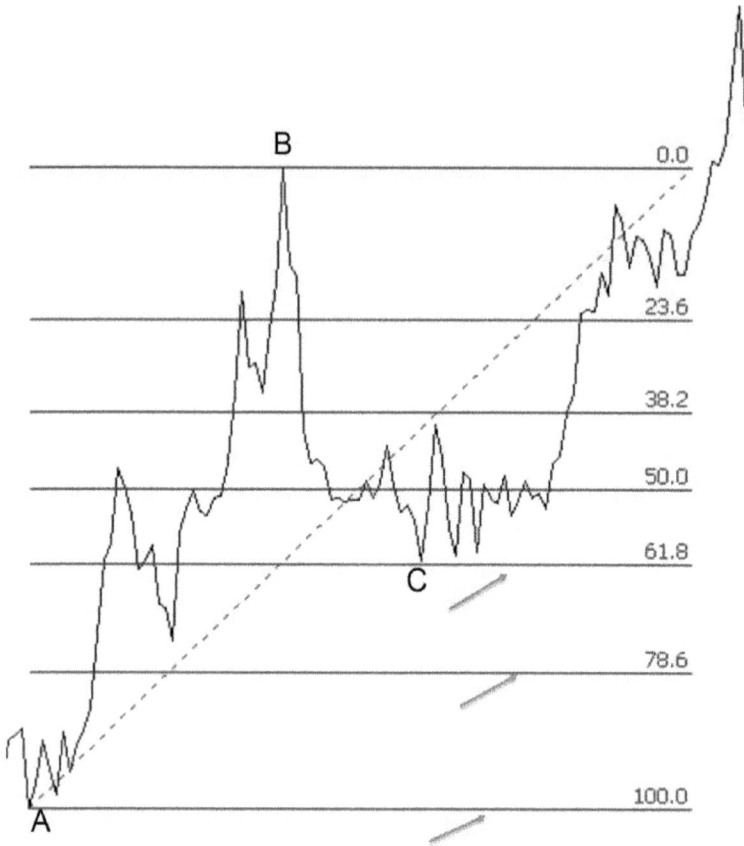

Sie haben die Wahl zwischen drei Optionen:

- Die erste Option liegt knapp unter der 61,8-Prozent-Marke: Sie ist der engste Stop-Loss und bietet das beste Risiko-Ertrags-Verhältnis. Allerdings könnte es, wie ich oben erwähnt habe, durch die Volatilität des Marktes beeinflusst werden.

- Die zweite Option liegt knapp unter der 78,6-Prozent-Marke: Sie sieht sicherer aus; In einem sehr volatilen Markt kann dieses

36

Stop-Loss-Niveau jedoch auch überschritten werden. Das Risiko-Ertrags-Verhältnis ist nicht so gut wie bei der ersten Wahl.

Dies sind die beiden von vielen Händlern bevorzugten Möglichkeiten zur Festlegung von Stop-Losses. Obwohl dies in vielen Fällen ideal sein kann, gibt es bestimmte Situationen, in denen sie ihren Stop-Loss erreichen sehen, während sich ihre vorherige Analyse immer noch als richtig erweist.

Die dritte Option liegt knapp unter der 100-Prozent-Marke. Diese Methode der Stop-Loss-Platzierung gibt Ihrem Handel mehr Spielraum bei Volatilitäten. Ein Durchbruch unter dieses Niveau bedeutet, dass Ihr Trade ein Verlust ist. Allerdings kann diese Methode zu einem ungünstigen Risiko-Ertrags-Verhältnis führen, da Sie möglicherweise einen breiten Stopp haben, der nicht proportional zu Ihrem potenziellen Gewinn ist. Wenn Sie außerdem Ihre Positionsgröße beibehalten und gleichzeitig einen breiten Stop-Loss festlegen, können Sie einen großen Verlust erleiden, insbesondere wenn Sie Ihre Position auf einem der frühen Fibonacci-Niveaus eröffnen.

Welches ist besser?

Für mich ist keine der drei Optionen überlegen. Die Identifizierung von Stop-Loss hängt stark von der jeweiligen Marktsituation, der Formation des Candlesticks, der Risikobereitschaft und mehr ab. Am besten nutzen Sie Ihr Wissen über diese Elemente, um jede Handelsumgebung zu analysieren und ein zuverlässiges Stop-Loss-Niveau festzulegen.

Im Handel ist die Stop-Loss-Platzierung keine sichere Sache, und Händler sollten sich nicht ausschließlich auf Fibonacci-Linien als Grundlage für die Stop-Loss-Platzierung verlassen. Wenn Sie jedoch viele Handelselemente, einschließlich Fibonacci-Tools, kombinieren können, erhöhen Sie die Erfolgsaussichten Ihres Handels, beginnend mit einem geeigneten Einstiegs- und Stop-Loss-Punkt.

Eine letzte Sache: Wenn Sie mich fragen, welche der drei Methoden ich in meinem Handel am häufigsten verwende, würde ich die erste und die zweite sagen.

KAPITEL 4: DAS WESENTLICHE DER FIBONACCI-PROJEKTIONSWERTE AUFDECKEN

In diesem Kapitel erfahren Sie mehr über die Fibonacci-Projektionen und wie Sie sie zur Bestimmung Ihres Ausstiegspunkts verwenden können. Dieses großartige Tool bietet die Antwort auf die wichtigste und zugleich schwierigste Aufgabe eines Händlers: Wo und wann Gewinne erzielt werden sollen.

Die spannende Technik

Um es klarer zu machen: Zu den Fibonacci-Projektionstools, die wir in diesem Kapitel besprechen, gehören Fib-Erweiterungen und Fib-Erweiterungen. Viele Leute bezeichnen Projektionen als Erweiterungen, die sich von Erweiterungen in der Art und Weise unterscheiden, wie sie dargestellt werden. Dies ist nur die Art, wie wir sie nennen, und hat keinen Einfluss auf die Art und Weise, wie wir handeln. Was Sie in jedem Fall beachten müssen, ist, dass es mit Fibonacci **zwei Möglichkeiten gibt**, Preisniveaus zu prognostizieren, um potenzielle Take-Profit-Ziele zu bestimmen. Der Hauptunterschied zwischen den beiden Methoden liegt in der Anzahl der Swing-Punkte, die wir zum Zeichnen der Pegel verwenden. Konkret verwenden wir bei Erweiterungen drei Swing-Punkte, während wir bei Erweiterungen nur zwei benötigen. Machen Sie sich keine Sorgen, denn zum Zeichnen der Fibonacci-Erweiterungsebenen werden nur zwei Punkte verwendet. Es ist wichtig zu beachten, dass beide Projektionstools auf den magischen Fibonacci-Verhältnissen basieren. Die Verwendung des einen oder anderen Tools sollte daher keine großen Unterschiede bei den ausgegebenen Handelssignalen verursachen.

Wir werden bald tiefer in die Plottechnik eintauchen, aber lassen Sie uns zunächst über die Bedeutung von Fibonacci-Projektionen sprechen.

Warum sind die Fibonacci-Projektionen so wichtig?

Einer der wichtigsten Schritte bei der Ausführung eines Handels ist die Ermittlung eines Gewinnmitnahmepreises. Wenn Sie lange genug gehandelt haben, haben Sie möglicherweise das bittere Gefühl erlebt, Ihren Handel mit einem Verlust oder einer Gewinnschwelle abzuschließen, statt wie erwartet mit einem riesigen Gewinn. Dafür kann es viele Gründe geben, aber meiner Erfahrung nach hat der Hauptgrund damit zu tun, dass ein Händler es versäumt, ein geeignetes und logisches Gewinnmitnahmeziel festzulegen.

Denken Sie daran, dass Ihr laufender Gewinn erst dann realisiert wird, wenn der Handel abgeschlossen ist. Mit anderen Worten: Bis Sie den Handel abschließen und den Gewinn mitnehmen, handelt es sich lediglich um einen virtuellen Gewinn. Der Markt verändert sich ständig. Es kann große Neuigkeiten geben, der Preis könnte sich zu Ihren Ungunsten entwickeln und in ein paar Minuten können Sie bereits abschätzen, wie groß Ihr Verlust ist.

Aus diesem Grund ist der Abschluss von Geschäften sehr wichtig. Für mich ist der Abschluss von Trades weitaus wichtiger als deren Eröffnung. Auch ein schlecht eröffneter Trade kann sich als profitabel erweisen, wenn man im richtigen Moment aussteigt. Die Frage ist: Wann ist der richtige Zeitpunkt und wo kann man Gewinne mitnehmen?

Die Fibonacci-Projektion kann Ihnen helfen, die Antworten zu finden.

So zeichnen Sie eine Fibonacci-Preisprognose

- *Mit Fibonacci-Erweiterungen*

Wir brauchen drei Punkte, um eine erfolgreiche Expansion zu bestimmen.

Diese drei Punkte werden während eines Trendmarktes (Aufwärts- oder Abwärtstrend) bestimmt, nämlich A, B (die Extrempunkte) und C (der Retracement-Punkt).

Nachfolgend sind die notwendigen Schritte zum Zeichnen von Fibonacci-Erweiterungen aufgeführt:

- Identifizieren Sie den Gesamttrend (nach oben oder unten).
- Bestimmen Sie die jüngsten großen Swing-Hochs und großen Swing-Tiefs.
- Verbinden Sie die beiden Extrempunkte A und B (vom höchsten zum niedrigsten Wert während eines Abwärtstrends und vom niedrigsten zum höchsten Wert während eines Aufwärtstrends).

- Halten Sie den Cursor gedrückt und ziehen Sie vom Haupthoch (in einem Aufwärtstrend) und vom Haupttief (in einem Abwärtstrend) zum Retracement-Punkt („C").

Zuerst zeichnen wir wie unten eine Linie von A nach B.

Klicken Sie anschließend auf Punkt B, halten Sie dann den Cursor gedrückt und bewegen Sie ihn zu Punkt C, wo die Korrektur endet.

Jetzt haben Sie die potenziellen Niveaus, die der Markt finden könnte. Die drei beliebtesten sind 61,8 Prozent, 100 Prozent und 161,8 Prozent. Gemäß dem Beispiel unten würde ein Ausstieg auf dem Niveau von 161,8 Prozent dazu beitragen, den größten Teil der Bewegung aufzufangen.

Die Bedeutung der Ziele

Denken Sie daran, dass die Expansionsstufen ab Punkt C berechnet werden:

- Das 61,8-Prozent-Ziel entspricht dem **0,618-** fachen Abstand zwischen **A und B**
- Das 100-Prozent-Ziel entspricht dem Abstand zwischen **A und B**
- Das Ziel von 161,8 Prozent entspricht dem **1,618** -fachen Abstand zwischen **A und B**

Deshalb liegt im obigen Beispiel das erste Ziel (61,8 Prozent) knapp über Punkt B. Bevor der Trend wieder aufgenommen wurde, erfolgte eine ziemlich tiefe Korrektur.

In einem anderen Beispiel zeichnen wir die Expansionen innerhalb eines Abwärtstrends. Wir müssen sicherstellen, dass der Abwärtstrend stark ist, bevor wir einen Swing AB und eine Korrektur nach C erkennen.

Wir beginnen mit der Verbindung von A und B.

Als nächstes klicken wir auf B und ziehen den Cursor nach C (wo die Korrektur endete).

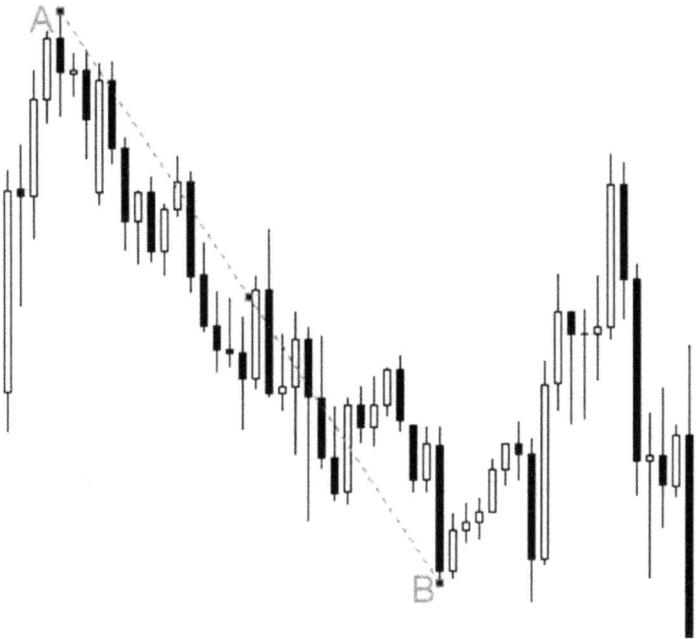

Die Erweiterungsebenen werden jetzt korrekt gezeichnet. In diesem Beispiel ist der Preis stark gesunken und das Niveau von 161,8 Prozent wäre ein perfektes Ziel für einen erfolgreichen Handel.

Kommen wir nun zu einem anderen Beispiel, um zu sehen, wie Fibonacci-Erweiterungen sowohl als Unterstützung als auch als Widerstand gut funktionieren können.

Das nachstehende Goldpreis-Prognosediagramm (XAU/USD) veranschaulicht einige Fibonacci-Expansionsniveaus sowie den potenziellen Punkt D als

Gewinnziel. D ist als 100-prozentiger Vormarsch oder Expansion vom Rückzugspunkt C in Richtung der Primärbewegung gekennzeichnet. Beachten Sie, dass CD die gleiche Länge wie AB hat.

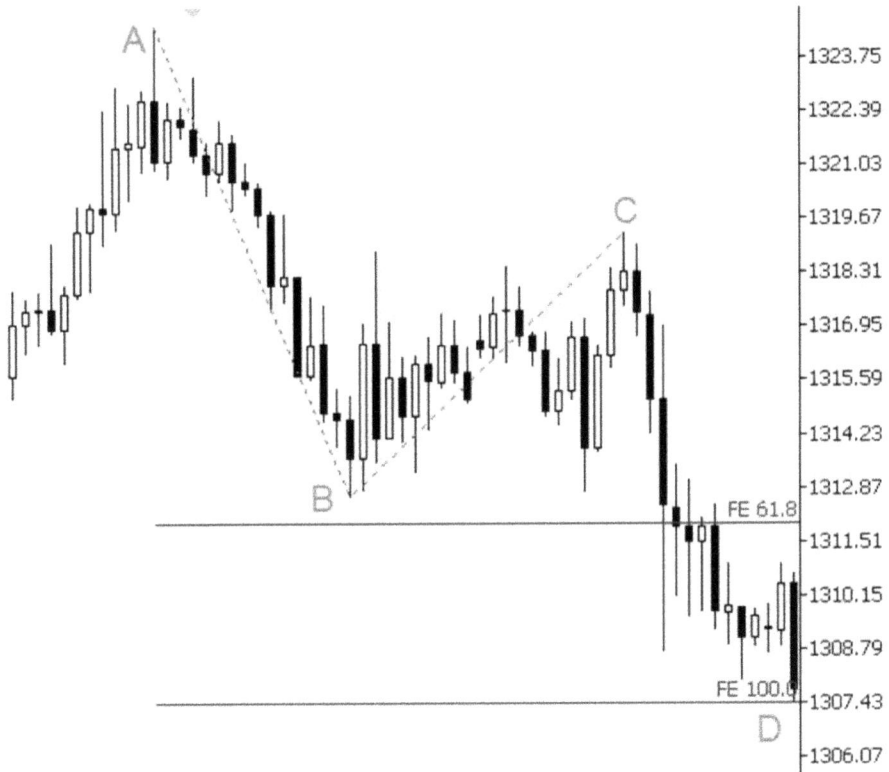

Wenn wir das Gesamtbild des Diagramms betrachten, können wir erkennen, dass es Niveaus gibt, die als starke Unterstützung oder Widerstand fungierten. Von zentraler Bedeutung ist das Expansionsniveau von 61,8 Prozent.

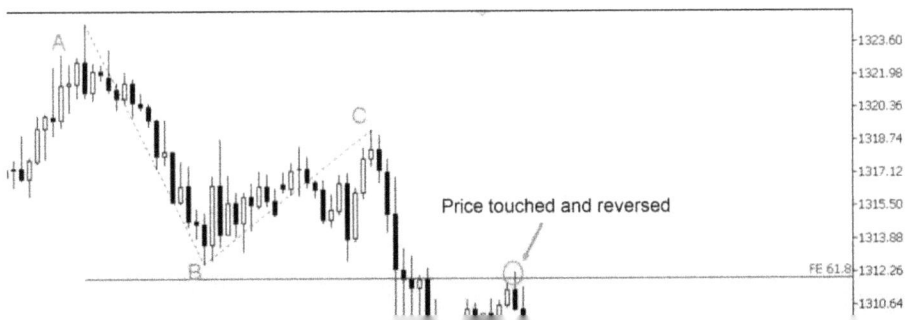

Beispielsweise könnte ein bärischer Händler, der kurz nach dem Swing-Hoch bei C eine Position eröffnet, die 61,8-prozentige Expansionslinie als ersten Ausstiegspunkt betrachten, während die 100-prozentige Expansion ein sekundäres Gewinnmitnahmeziel sein könnte. Denken Sie daran, dass der Preis oft in einer Zick-Zack-Form verläuft. Sobald die Erschöpfung bei der 100-Prozent-Erweiterung bestätigt ist, verlagert sich der Fokus in Richtung des 61,8-Prozent-Niveaus. Die obige Grafik zeigt, wie sich der Preis von dieser Marke erholte, bevor es zu einem starken Ausverkauf kam.

Etwas weiter betrachtet funktionierte das 161,8-Prozent-Niveau genauso, als der Preis es fast berührte und sich nach unten drehte.

Jetzt können Sie sehen, wie Fibonacci-Expansionsniveaus (61,8 Prozent, 161,8 Prozent) sowohl als Unterstützungs- als auch als Widerstandsniveaus gut funktionieren können. Es ist eine Veranschaulichung der bekannten Theorie, dass ein durchbrochenes Unterstützungsniveau als zuverlässiges Widerstandsniveau fungieren kann und umgekehrt.

- *Mit Fibonacci-Erweiterungen*

Wie Fibonacci-Retracements werden Fibonacci-Erweiterungen nur auf der Grundlage der beiden Extreme des Swings gezeichnet. Punkt C wird in diesem Fall nicht für Projektionen verwendet.

Im Folgenden sind die notwendigen Schritte zum Zeichnen von Fibonacci-Erweiterungen aufgeführt:

- Identifizieren Sie den Gesamttrend (bullisch oder bärisch).
- Bestimmen Sie das aktuelle Hoch und Tief des Hauptschwungs.
- Verbinden Sie die beiden Extrempunkte A und B (vom höchsten zum niedrigsten Wert während eines Abwärtstrends und vom niedrigsten zum höchsten Wert während eines Aufwärtstrends).

Dieser Abstand zwischen A und B ist der Standardabstand. Dementsprechend spiegeln die Erweiterungsstufen die zusätzliche Entfernung zu Punkt B wider.

Beispielsweise entspricht der Erweiterungsgrad von 138,2 Prozent dem 1,382-fachen Abstand zwischen A und B, berechnet von A.

Sie sehen, dass Punkt C (wo die Korrektur endet) bei dieser Art der Identifizierung von Erweiterungen nicht verwendet wird. Einige Leute vermuten möglicherweise die Zuverlässigkeit des Signals, wenn C nicht verwendet wird. Allerdings hat dies, wie bereits erwähnt, keine negativen Auswirkungen auf die Ermittlung von Unterstützungs- und Widerstandsniveaus.

Persönlich bevorzuge ich bei der Suche nach Preisprognosen Erweiterungen gegenüber Erweiterungen, vor allem weil ich Erweiterungen mit Retracements auf dem Chart kombinieren kann, indem ich nur den Cursor ziehe. Im letzten Teil dieses Buches zeige ich Ihnen einen nützlichen Trick, wie Sie die beiden Tools in einem Diagramm kombinieren, damit Sie leicht ein Gesamtbild der Marktbewegungen erkennen können.

Einige Beispiele:

47

Schauen Sie sich unten das Diagramm US-Dollar/Japanischer Yen (USD/JPY)

an.

Der Markttrend zeigt nach oben und Sie können Punkt A und Punkt B leicht identifizieren. In diesem Fall achten wir nicht genau darauf, wo die Korrektur endet. Punkt C wird irgendwo zwischen A und B liegen, aber um die Ausdehnung zu berechnen, brauchen wir nur A und B. Folgendes passiert als nächstes:

200

161.8

138.2

B

0.0

23.6

38.2

50.0

61.8

correction at 61.8 level

78.6

100.0

A

15 Dec 11:00   18 Dec 19:00   20 Dec 03:00   21 Dec 11:00   22 Dec 19:00

Die Korrektur endete beim 61,8-Prozent-Retracement-Niveau und der Preis erholte sich kräftig bis zum 200-Prozent-Erweiterungsniveau.

In einem anderen Beispiel eines Abwärtstrendmarktes können wir auch eine Korrektur zurück zum 61,8-Prozent-Retracement-Niveau erkennen. Ab diesem Zeitpunkt tauchten Verkäufer auf und der Preis fiel nach einigen

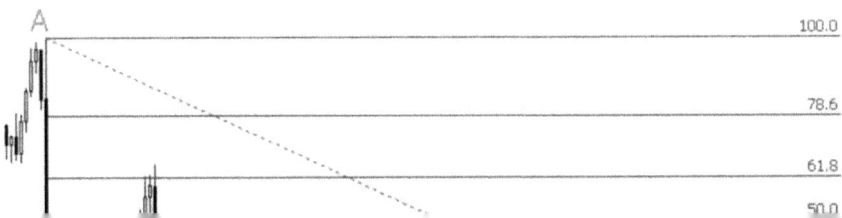

A

100.0

78.6

61.8

50.0

weiteren Korrekturen auf das Erweiterungsniveau von 161,8 Prozent .

Später in diesem Buch werde ich weitere Beispiele für Trades vorstellen, die sowohl Fibonacci-Projektionen als auch Retracements verwenden. Zunächst ist es wichtig, dass Sie den kleinen Unterschied zwischen den Fibonacci-Erweiterungen und -Erweiterungen verstehen.

Erweiterungen ⊡ 3 Punkte (A, B, C) zur Identifizierung der Erweiterungsstufen

Erweiterungen ⊡ 2 Punkte (A, B) zur Identifizierung der Erweiterungsstufen

Wie oben erwähnt, sind die Fibonacci-Erweiterungen mein Lieblingstool. Sie werden sehen, dass ich in vielen Beispielen in diesem Buch hauptsächlich Erweiterungen verwende. Wenn Sie die Fibonacci-Erweiterung bevorzugen, können Sie sie gerne ausprobieren und darauf basierend Ihre eigenen Handelsstrategien entwickeln.

Ihre Erwartungen sind wirklich wichtig

Es ist wichtig zu wissen, dass beim Handel nichts zu 100 Prozent sicher ist. Sie können nicht im Voraus wissen, wo der Preis enden wird. Die Prognoseniveaus sollten als Orte betrachtet werden, an denen die Möglichkeit besteht, dass der Preis stoppt oder sich sogar umkehrt.

Ebenso wie Retracements sind Verlängerungen keine Magnete, um den Preis dort zu halten.

In *„Trading in the Zone"* sagt Autor Mark Douglas, dass Mr. Market sich nicht um die Erwartungen, Analysen oder Emotionen jedes einzelnen Händlers kümmert. Manchmal bleibt der Preis an den Erweiterungen für eine Weile stehen und setzt sich dann fort, wenn der Trend stark genug ist. In anderen Fällen kann die Bewegung die Extensions erreichen oder fast erreichen, bevor sie wieder abprallt. Aus diesem Grund müssen Händler lernen, die Preisreaktion auf den Erweiterungsebenen genau zu beobachten (in Verbindung mit anderen Tools), bevor sie Handelsentscheidungen treffen.

KAPITEL 5: DIE KRAFT DER FIBONACCI-KONVERGENZ

Eine Konvergenz tritt auf, wenn Sie die Fibonacci-Retracement-Linien für mehr als einen Schwung ziehen. Das Interessante ist, dass einige Niveaus verschiedener Fibonacci-Einstellungen auf einem Preisdiagramm nahe beieinander liegen, was solche Niveaus/Zonen zu einem noch stärkeren Hinweis auf Unterstützung/Widerstand macht.

Die Konvergenz kann sehr nützlich sein, aber für neue Händler ist es nicht einfach, sie sofort effektiv zu nutzen. In diesem Kapitel werde ich versuchen, es allen Händlern so einfach zu machen, dass sie es bei ihrem Handel anwenden können.

Bevor Sie mit der Fibonacci-Konvergenz handeln, sollten Sie sich mit der Verwendung der Fibonacci-Retracement- und -Erweiterungsniveaus vertraut machen. Sie sollten in der Lage sein, die Preisschwankungen beim Festlegen von Fibonacci-Rastern zu erkennen. Wenn Sie nicht so erfahren sind, machen Sie sich keine Sorgen! Mit der Zeit werden Sie mehr Erfahrung im Umgang mit Retracement und Extension sammeln.

Zuvor haben wir besprochen, dass sich der Preis in einem Trendmarkt oft in einer Zick-Zack-Formation bewegt. Ich habe Ihnen gezeigt, wie Sie den Swing wählen können, um die Fibonacci-Retracements oder -Erweiterungen zu zeichnen. Trends basieren auf vielen verschiedenen Schwankungen. Interessanterweise können einige unterschiedliche Schwankungen zu ähnlichen Fibonacci-Retracement-Niveaus führen, die zu sehr soliden Unterstützungs-/Widerstandsniveaus werden.

Im folgenden Beispiel bewegt sich der Preis nach oben und erzeugt Swing-Hochs und Swing-Tiefs. Es stehen einige gute Schwankungen zur Auswahl, um Fibonacci-Retracements anzuwenden.

Nachfolgend finden Sie eine Möglichkeit, die Retracements zu zeichnen.

Außerdem können wir das Swing-Hoch und Swing-Tief aus einem größeren Bereich nutzen, bei dem der Preis auf die 38,2-Prozent-Marke zurückfällt.

Wenn wir diese beiden Fibonacci-Retracements zusammenfassen, werden wir feststellen, dass einige von ihnen auf ähnlichen Niveaus liegen.

Sie werden feststellen, dass das erste Konvergenzniveau 61,8 Prozent des größeren Bereichs (BR) und 78,6 Prozent des kleineren Bereichs (SR) betrug. Dann wurde die zweite Konvergenz zwischen dem 38,2-Prozent-Niveau (BR) und dem 50-Prozent-Niveau (SR) geschaffen. Der Preis fand ein starkes Unterstützungsniveau und von diesem Zeitpunkt an setzte sich der Aufwärtstrend fort.

Fibonacci-Konfluenzniveaus können in vielen Handelsanwendungen nützlich sein, einschließlich der Suche nach optimalen Einstiegspunkten oder der Identifizierung potenzieller Zielniveaus für den Abschluss der Positionen. Sie können auch in Verbindung mit wichtigen horizontalen Preisniveaus verwendet werden, um potenzielle Umkehrbereiche zu bestimmen. Darüber hinaus streben einige Händler möglicherweise nach noch stärkeren Marktsignalen, indem sie Fibonacci-Konfluenzniveaus mit Candlestick-Formationen oder anderen technischen Hilfsmitteln kombinieren.

Darüber hinaus muss man verstehen, dass es umso wahrscheinlicher ist, dass ein solches Niveau Preise anzieht, je stärker die Konfluenz um ein Niveau herum ist. Beispielsweise würde eine Fibonacci-Konfluenz, die aus drei separaten Messungen besteht, ein stärkeres Unterstützungsniveau anzeigen als eine, die nur aus zwei Fibonacci-Messungen besteht.

Zu guter Letzt kann in Bezug auf die Fibonacci-Werkzeuge selbst ein Zusammenfluss durch nur ein Fibonacci-Werkzeug oder eine Kombination aus zwei oder mehr Werkzeugen erzeugt werden. Beispielsweise kann sich ein Fibonacci-Konfluenz bilden, indem mehrere Fibo- Retracements oder Fibo- Retracements mit Fibo- Erweiterungen oder zwei Fibo- Erweiterungen verwendet werden. Je wichtiger die Ebenen sind, desto stärker ist der Zusammenfluss/Cluster.

KAPITEL 6: IDEALE ZEIT FÜR DIE ERÖFFNUNG EINER POSITION

Wie Sie sich vielleicht erinnern, habe ich bereits erwähnt, dass der Gesamttrend umso stärker ist, je flacher die Retracements sind.

Ein flacher Rückzug tritt oft um die 23,6-Prozent- und 38,2-Prozent-Marke herum auf, oder alles, was nicht tiefer als die 38,2-Prozent-Marke ist.

stark im Trend liegenden Markt sind typischerweise leichte Rückschläge zu beobachten . Wenn sich der Markt stark in eine Richtung bewegt, verliert er möglicherweise nicht lange an Schwung, bevor er seinen ursprünglichen Trend fortsetzt. Der Breakout-Handel in Kombination mit Fibonacci-Tools ist in einem solchen Umfeld eine gute Wahl, um die Chancen besser zu Ihren Gunsten zu nutzen und gleichzeitig ein günstiges Risiko-Ertrags-Verhältnis beizubehalten.

Es gibt zwei Methoden, die Sie zum Eröffnen einer Position in Betracht ziehen können.

Methode 1: Sie gehen mehr Risiken ein

Das Prinzip dieser Methode:

Wenn wir ein flaches Retracement sehen (dh nicht tiefer als 38,2 Prozent), gefolgt von einem Durchbruch durch das vorherige Swing-Hoch (innerhalb eines Aufwärtstrends) oder Swing-Tiefs (innerhalb eines Abwärtstrends), wäre dies das Signal, eine Position zu eröffnen. Der Vorteil dieser Methode besteht darin, dass sie die Möglichkeit größerer Verluste verringert und gleichzeitig potenziell große Gewinne ermöglicht.

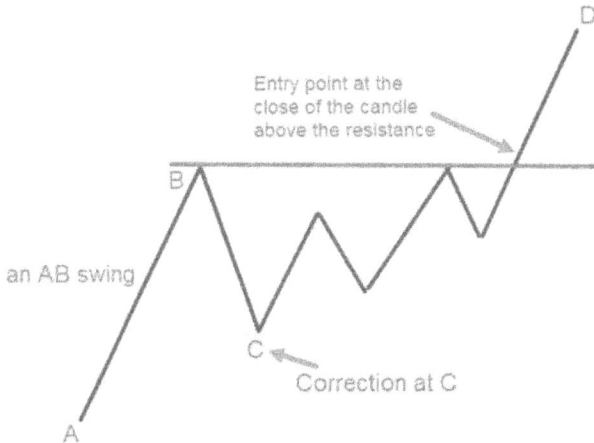

Entry point at the
close of the candle
above the resistance

D

B

an AB swing

C

Correction at C

A

Theoretisch sollte es wie im Bild unten aussehen.

Im Folgenden finden Sie spezifische Schritte für einen Handelseintrag:

1. Identifizieren Sie den Gesamttrend. Sie sollten sich darüber im
    Klaren sein, wie der allgemeine Trend aussieht und in welche
    Richtung Sie einen Trade eingehen möchten.
2. Bestimmen Sie das aktuelle Hoch und Tief des großen Swings,
    um Fibonacci-Retracements und -Erweiterungen zu zeichnen.
3. Nachdem der Preis den C-Retracement-Punkt gefunden hat,
    warten Sie auf den Ausbruch über das Swing-Hoch, um in einem
    Aufwärtstrend long zu gehen (oder unter das Swing-Tief, um in
    einem Abwärtstrend short zu gehen). Der Einstiegspunkt ist der
    Schlusskurs über dem letzten Swing-Hoch.
4. Warten Sie, bis der Preis ein Gewinnziel basierend auf den
    Fibonacci-Erweiterungsniveaus (dem D-Punkt) erreicht.

Ihr Ausstiegspunkt wird an einer der Verlängerungslinien sein (mehr über das Schließen von Positionen in Kapitel 8). Ihr Ziel besteht darin, den größten Teil der Bewegung zwischen dem 0-Prozent-Niveau (Punkt B) und den Erweiterungsniveaus (dh 138,2 Prozent; 161,8 Prozent, 200 Prozent usw.) zu erfassen.

Beispiele

wir einen Blick auf den untenstehenden Chart Britisches Pfund zum japanischen Yen (GBP/JPY). Aus einem längeren Zeithorizont ist ersichtlich , dass der Gesamttrend nach oben zeigt. Nach Erreichen von B (dem Swing-Hoch während des Aufwärtstrends) erlebte der Markt eine flache Korrektur auf C (38,2 Prozent Fibonacci-Niveau). Wie ich oben in Prinzip 3 erwähnt habe, sollten wir nach der Bildung von Punkt C auf einen Ausbruch warten.

Wie Sie sehen können, kommt es nach einer Weile zu einem Ausbruch über Punkt B (dem letzten Hoch). Der potenzielle Gewinn ist bei diesem Handel enorm (bis zum 200-Prozent-Fibonacci-Erweiterungsniveau).

exit at the 200% extension level | 200

161.8

138.2

entry at the close of the break-out candlestick

B

0.0

23.6

38.2

C

50.0

61.8

78.6

100.0

A

Aufgrund hoher Handelsvolumina kann der Markt manchmal sehr schnell durch das letzte Hoch/Tief explodieren und eine Kerze mit einem langen Körper bilden. Daher ist der Schlusskurs der Kerze aufgrund seines ungünstigen Risiko-Ertrags-Verhältnisses möglicherweise nicht ideal für einen Handelseinstieg. Dies ist ein Problem, das in einem Markt mit hohem Trend auftritt. Warten Sie in solchen Fällen einfach auf eine weitere Gelegenheit. Denken Sie daran, dass der Markt voller Möglichkeiten ist, die Sie nutzen können.

Der Schlüssel zum Erfolg beim Trading ist Geduld und Geduld. An manchen Handelstagen kann es sein, dass Sie ein paar gute oder sogar sehr gute Setups und erfolgreiche Trades haben.

An anderen Tagen warten Sie möglicherweise den ganzen Tag auf einen Aufbau, aber der Markt bietet Ihnen nichts. Es empfiehlt sich, in diesen Zeiten keinen Handel einzugehen. Warten Sie einfach, bis ein gutes Handels-Setup angezeigt wird, bevor Sie Maßnahmen ergreifen .

Das nächste Beispiel zeigt einen 4-Stunden-Chart für WTI-Öl. Der Gesamttrend war steigend; Daher suchten wir nach einem Kaufeinstieg. Nach einer Weile zeigte sich der AB-Schwung, gefolgt von einer leichten Korrektur auf C. Beachten Sie, dass der Preis nur auf das Fibonacci-Niveau von 23,6 Prozent zurückging, was darauf hindeutet, dass die Bullen stark

genug waren, um einen tieferen Preisverfall zu verhindern.

Beachten Sie, wie der Preis danach rasant auf die 161,8-Prozent-Erweiterungslinie schoss, die ein starkes Widerstandsniveau und auch den besten Ausstiegspunkt darstellte. Bedenken Sie, dass der Preis in einem Markt mit starkem Trend wie diesem möglicherweise nicht bei der 161,8-Prozent-Marke stoppt und umkehrt. Sie können einen Teil Ihrer Position auf dem Niveau von 161,8 Prozent schließen und den Rest für ein anderes potenzielles Zielniveau offen lassen. Mehr dazu in Kapitel 8.

Sehen wir uns an, wie diese Strategie in einem Abwärtstrend eingesetzt

werden kann.

Dies ist ein Tages-Chart für Gold. Der Markt befand sich in einem Abwärtstrend; Daher sollten Händler nach einem Short-Einstieg suchen. Es ist nicht schwer, den AB-Schwung zu finden. Dennoch erzeugte der Markt ein flaches Retracement auf dem Niveau von 23,6 Prozent. Wir warten auf einen Durchbruch unter Punkt B, um eine Short-Position einzugehen. Die Abwärtsdynamik war sehr stark und endete an der 200-Prozent-Verlängerungslinie. Diejenigen, die Fibonacci-Tools nutzten, könnten am Ende einen riesigen Gewinn erzielt haben.

Auch hier besteht ein Vorteil der Verwendung von Fibonacci darin, dass ein potenzielles Ausstiegsniveau **vor der Preisbewegung prognostiziert werden kann** , bei dem sowohl das Risiko-Ertrags-Verhältnis als auch der Gewinn günstig sind. Auf diese Weise hilft Fibonacci den Händlern von Anfang an, den besten Plan für den Ausstieg aus einem Handel zu haben.

Stop-Loss- Platzierung

Viele Händler entscheiden sich möglicherweise dafür, ihren Stop „einige Pips" unterhalb des durchbrochenen Niveaus zu platzieren (ein Pip oder „Prozentsatz in Punkten" ist eine kleine, inkrementelle Preisbewegung). Allerdings berücksichtigen sie bei dieser Methode nicht die Mechanismen des Marktes. Wie ich bereits erwähnt habe, ist der Markt voller Volatilitäten; Daher können solche Stop-Loss-Orders in vielen Fällen ausgelöst werden.

Tatsächlich kann der Preis ein paar Mal in die vorherigen Bereiche zurückkehren, aber am Ende bewegt er sich immer noch im Gesamttrend und ist immer noch eine gültige Erweiterung.

Bei dieser Methode sollte eine breitere Stop-Loss-Platzierung knapp unter der 23,6-Prozent-Marke (im Aufwärtstrend) verwendet werden. Obwohl es das Risiko-Ertrags-Profil nicht allzu sehr beeinflusst, kann es die negativen Auswirkungen der Marktvolatilitäten verringern.

Ein Problem kann auftreten, wenn sich der Preis nicht im zugrunde liegenden Trend bewegt und auf die Retracement-Niveaus zurückkehrt. In diesem Fall stimmt möglicherweise etwas mit der allgemeinen Trendstärke (zumindest in diesem Moment) nicht.

Angenommen, der Preis steigt nicht mit dem Gesamttrend, sondern bewegt sich zurück zum 23,6-Prozent-Retracement-Niveau. Was werden Sie tun?

Einige Händler verschieben ihren Stop-Loss möglicherweise auf tiefere Niveaus (z. B. 38,2 Prozent oder 61,8 Prozent), was dem Markt mehr Raum zum Atmen gibt, bevor sie ihre erwarteten Gewinne erzielen können.

Meine Empfehlung ist einfach: Wenn sich der Preis nicht im Gesamttrend bewegt und auf die 23,6-Prozent-Marke zurückkehrt, behalten Sie einfach Ihre Stop-Loss-Position bei. Wenn Ihr Stop-Loss ausgelöst wird, akzeptieren Sie es.

Erwarten Sie nicht, dass der Preis in die von Ihnen erwartete Richtung geht. Der Markt weiß nie, was Sie wollen und wie Sie Ihren Handel planen. Der Finanzmarkt ist ständig im Auf und Ab. Wenn es etwas gibt, das dazu führt, dass der Preis Ihren Erwartungen widerspricht, akzeptieren Sie es und suchen Sie nach einer anderen Gelegenheit. So einfach ist das.

Der Stop-Loss knapp unter der 23,6-Prozent-Marke ist mein Vorschlag. Es ist die Ebene, auf der ich mich beim Trading wohl fühle. Wenn Sie der Meinung sind, dass Sie mit dem Niveau von 14,6 Prozent bei Ihrem Handel zufrieden sind, probieren Sie es aus und analysieren Sie die Gesamtergebnisse nach einer bestimmten Anzahl von Geschäften.

Andererseits ist es nicht empfehlenswert, einen Stop deutlich weiter als die 23,6-Prozent-Marke festzulegen. Auf diese Weise weist Ihr Handel kein günstiges Risiko-Ertrags-Verhältnis auf.

Methode 2: Warten Sie auf einen erneuten Test

Wenn Sie Erfahrung im Trading haben, werden Sie mir zustimmen, dass nichts hundertprozentig sicher ist.

Nehmen wir als Beispiel den Aufwärtstrend.

Ein flaches Retracement weist zwar darauf hin, dass der zugrunde liegende Trend stark ist, und es besteht die Möglichkeit, dass der Markt nach einem Retracement wahrscheinlich ansteigt, *es garantiert jedoch nicht, dass ein solcher Anstieg immer eintritt.*

Manchmal kommt es zwar zu einem Durchbruch eines Unterstützungs- oder Widerstandsniveaus auf dem Markt, doch dann bewegt sich der Preis eine Zeit lang in einer bestimmten Spanne, was bei Breakout-Händlern zu gewisser Beunruhigung und Verwirrung führt. Schau mal im Beispiel unten.

später nicht, mehrere Candlesticks zu durchbrechen . Wenn Sie direkt nach dem Ausbruch der Kerze einen Trade abgeschlossen hätten, hätten Sie möglicherweise einen Verlust erlitten.

Das Prinzip dieser Methode

Die Idee hinter dieser Methode besteht darin, dass Sie Ihren Handel erst dann starten, wenn der Preis das durchbrochene Unterstützungs- oder Widerstandsniveau erneut testet. Wenn Sie lange genug handeln, wissen Sie, dass Double Top und Double Bottom beliebt sind, insbesondere wenn Sie zu einem kürzeren Zeitrahmen wechseln. Das Warten auf einen erneuten Test vor dem Einstieg in den Handel würde die Wahrscheinlichkeit eines erfolgreichen Handels besser erhöhen.

Theoretisch sollte es wie im Bild unten aussehen.

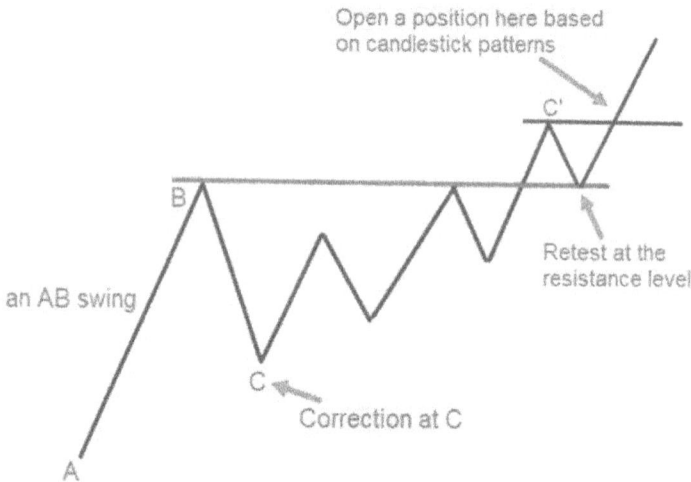

64

Im Folgenden finden Sie spezifische Schritte für einen Handelseintrag:

1. Identifizieren Sie den Gesamttrend. Sie sollten sich darüber im Klaren sein, wie der allgemeine Trend aussieht und in welche Richtung Sie einen Trade eingehen möchten.
2. Bestimmen Sie das aktuelle Hoch und Tief des großen Swings, um Fibonacci-Retracements und -Erweiterungen zu zeichnen.
3. Nachdem der Preis den C-Retracement-Punkt gefunden hat, warten Sie auf den Ausbruch über das Swing-Hoch, wodurch ein neues Hoch bei C entsteht.
4. Warten Sie ab C, bis der Preis das Unterstützungs- und Widerstandsniveau erneut testet, bevor Sie den zugrunde liegenden Trend fortsetzen.
5. Die Einstiegsposition wird basierend auf jedem Candlestick-Muster auf der Ausbruchsebene eröffnet.
6. Warten Sie, bis der Preis ein Gewinnziel basierend auf den Fibonacci-Erweiterungsniveaus erreicht.

Hinweis: Candlestick-Muster sind ein technisches Analysetool, das die Preisbewegungen veranschaulicht, die grafisch in einem Candlestick-Chart dargestellt werden. Zu den beliebtesten Candlestick-Mustern gehören Pin Bars, Engulfing Patterns und Marubozu .

Ich gehe davon aus, dass Sie über gewisse Kenntnisse über Candlestick-Muster verfügen, daher beschreibe ich diese nicht im Detail. Der Hauptzweck dieses Buches besteht darin, den Fibonacci-Handel zu beschreiben.

Werfen Sie einen Blick auf den Vier-Stunden-Chart unten, auf dem der Markt einen AB-Schwung und eine Korrektur auf C zeigt.

Unten sehen wir, dass die Fibonacci-Retracements gezogen wurden, bei denen der Preis über das B-Niveau ausbrach. Allerdings konnte es erst nach einem erneuten Test des B-Niveaus zu einer Erholung kommen.

In diesem Beispiel ist der erneute Test ein perfektes Signal für die Fortsetzung des ursprünglichen Trends. Der Preis hat nie die Unterstützungszone durchbrochen (beachten Sie, dass sich das Widerstandsniveau in ein Unterstützungsniveau verwandelt, nachdem es durchbrochen wurde) und seit dem erneuten Test schoss der Preis auf das Erweiterungsniveau von 261,8 Prozent. Mit einem Stop- Loss unter der Marubozu- Kerze könnten Sie ein ideales Risiko-Ertrags-Profil von etwa 1:4 erzielen.

Nun könnten Sie argumentieren, dass Sie möglicherweise einen größeren Gewinn erzielen, wenn Sie mehr Risiko eingehen und den Handel beim Bruch des B-Levels eröffnen.

Das mag wahr sein. Bedenken Sie jedoch, dass der offensichtlichste Vorteil dieser Methode darin besteht, die Fallen auf dem Markt zu minimieren, bei denen der Preis einige Male erneut die Retracements erreichen kann, was dazu führen kann, dass Ihr Stop-Loss erreicht wird. Ein erneuter Test auf dem B-Niveau (ohne es nach unten zu durchbrechen) und ein Anstieg über das letzte Hoch durch ein klassisches Candlestick-Muster wäre ein gutes Signal dafür, dass der Preis wahrscheinlich im vorherrschenden Trend bleiben wird.

Kommen wir zu einem anderen Beispiel in einem Abwärtstrendmarkt. Unten finden Sie den 4-Stunden-Chart vom US-Dollar zum kanadischen Dollar (USD/CAD), in dem wir A, B und C in einer Fibonacci-Retracement-Zeichnung leicht erkennen können.

Sehen wir uns nun an, wie der Preis auf das B-Level reagiert, nachdem er es durchbrochen hat.

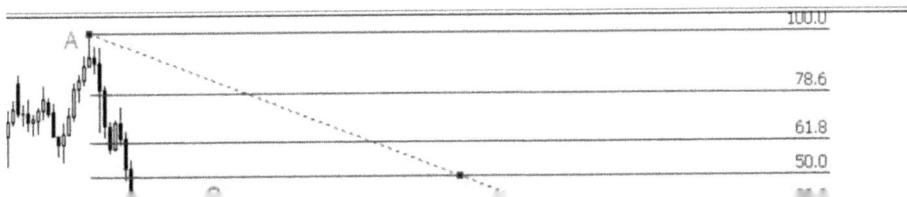

Wir können sehen, dass der Preis zwar eine geringfügige Korrektur durchführte, dies jedoch nicht bedeutete, dass der Preis problemlos in der ursprünglichen Richtung weitermachen konnte. Beachten Sie, wie schwierig es für den Preis war, zu sinken, bis er die letzte Unterstützung erneut testete, die sich dann in ein Widerstandsniveau verwandelte. Kurz nach dem erneuten Test erschien eine starke Marubozu- Kerze, die das jüngste Tief durchbrach und signalisierte, dass ein starker Rückgang bevorsteht. Sie können sehen, dass der Preis zwar weitere Anstrengungen unternahm, um zu steigen, aber nicht über das Hoch der Marubozu- Kerze hinausgehen konnte, was ein ideales Niveau für die Platzierung einer Stop-Loss-Order darstellt.

Schauen wir uns nun an, wie weit der Preis danach steigen könnte:

Mit einigen kleinen Korrekturen stürzte der Preis auf das Niveau von 261,8 Prozent ab. Sie sehen, dass wir, obwohl wir am Ausbruchspunkt nicht früher in den Handel eingestiegen sind, immer noch ein gutes Risiko-Ertrags-Profil (ca. 1:3) erreichen konnten.

An diesem Punkt fragen sich viele konservative Händler vielleicht: „Hey Frank, was ist, wenn der Markt das durchbrochene Niveau (das B-Niveau) nicht erneut testet?" Die Antwort ist einfach: Als konservativer Trader würde ich darauf verzichten und nach einer anderen Gelegenheit suchen.

Es gibt nicht viele Garantien, die ich einem Händler geben kann, egal ob Sie mit Aktien, Devisen oder Rohstoffen handeln. Aber eines kann ich garantieren: **Morgen wird es immer andere Möglichkeiten geben, also zwingen Sie sich nicht, heute nach einer zu suchen, da dies negative Auswirkungen auf Ihren Kontostand haben könnte** .

Fazit: Der Handel mit Fibonacci in Verbindung mit einem erneuten Test und einem Ausbruch gehört zu den besten Anwendungen der leistungsstarken Fibonacci-Technik. Aus technischer Sicht ist es ein Signal dafür, dass der Ausbruch gültig ist, wenn die Preise das Ausbruchsniveau erneut testen, ohne es zu durchbrechen. Der Markt könnte ein starkes Interesse an der Richtung des Bruchs entwickeln.

Stop-Loss- Platzierung

Bei dieser Methode können Sie je nach Marktumfeld und Ihrer Risikotoleranz einen Stop-Loss direkt unter den Candlestick-Mustern oder knapp unter der 23,6-Prozent-Marke wählen. Für mich verwende ich ersteres häufiger. Wenn Sie jedoch ein konservativerer Trader sind, können Sie das Niveau von 23,6

Prozent wählen.

So vermeiden Sie falsche Ausbrüche

69

Händler sind oft verwirrt über einen echten Ausbruch und einen falschen Ausbruch (allgemein als Fake-Out bekannt). Tatsächlich handelt es sich bei vielen scheinbaren Ausbrüchen im Trading-Chart um Täuschungen .

Ein Trick, um falsche Ausbrüche zu vermeiden, besteht darin, auf den Schlusskurs der Kerze zu warten, um zu sehen, wo sich der Schlusskurs befindet. Wenn beispielsweise der Schlusskurs der Kerze auf der anderen Seite der Widerstands-/Unterstützungslinie liegt und der Schatten der Kerze im Vergleich zum Körper klein ist, kann dies als Ausbruch betrachtet werden.

Das folgende GBP/JPY-Diagramm kann diesen Trick veranschaulichen. Wir haben eine Unterstützungsstufe bei 149,138. Wie Sie sehen können, handelte es sich sowohl beim ersten als auch beim zweiten Versuch um falsche Ausbrüche, da der Schlusskurs dieser Kerzen über dem Unterstützungsniveau lag. Schließlich gab es einen weiteren Versuch, aber im Gegensatz zu den vorherigen durchbrach die Kerze erfolgreich die Unterstützungslinie . Es war das Signal, einen Verkaufshandel einzugehen.

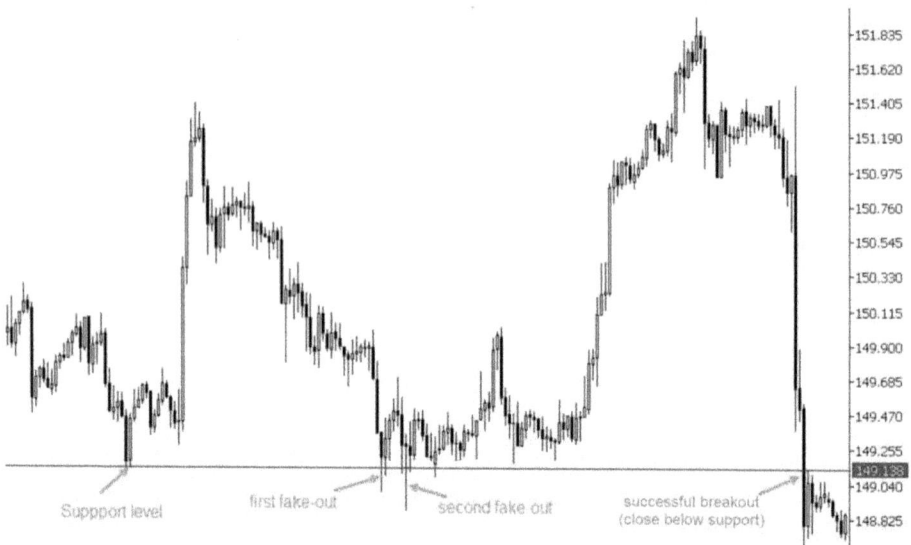

Bitte beachten Sie auch hier, dass der Markt voller Volatilitäten ist und dieses Bestätigungssignal nicht immer gut funktioniert. Für mich stellt sich jedoch heraus, dass es in vielen Fällen richtig ist.

70

Nachfolgend finden Sie einige Hinweise zum Handel basierend auf den in diesem Kapitel vorgestellten Strategien:

1. Linien oder Zonen?

Der Preis schafft es möglicherweise nicht genau zurück zum Ausbruchsniveau. Aus diesem Grund sollten Sie in manchen Fällen erwägen, eine Unterstützungs- oder Widerstandszone anstelle einer Linie zu markieren. In den obigen Beispielen sowie im gesamten Buch verwende ich zur besseren Visualisierung und zum besseren Verständnis eine Linie.

2. Ausstehende Bestellungen

Meiner Erfahrung nach sollte der Abschluss eines Trades, der auf dem erneuten Testen eines Ausbruchspunkts basiert, nicht mithilfe einer ausstehenden Order ausgeführt werden. Es kann den Handel gefährden, wenn Sie nicht genügend Bestätigungssignale für die Marktstärke sammeln.

Sie können nicht im Voraus wissen, ob das Unterstützungs- oder Widerstandsniveau halten wird oder nicht, bevor der Preis es erneut „testet". Wenn Sie also eine ausstehende Order aufgeben und der Preis diese durchdringt, statt sich zu erholen, ist es sehr wahrscheinlich, dass Ihr Stop-Loss durchbrochen wird.

3. Andere wirksame Methoden

In diesem Kapitel habe ich Ihnen die beiden Methoden gezeigt, die ich häufig beim Handel mit einem flachen Retracement verwende.

Dies bedeutet jedoch nicht, dass Sie diese Strategien nur zum Handeln nutzen können, wenn der Preis eine leichte Korrektur durchführt. Tatsächlich gibt es viele Möglichkeiten, eine Position zu eröffnen, die sich auf jede Art von Marktformation bezieht.

Im nächsten Kapitel werde ich Ihnen einige effektive Strategien vorstellen, die bei jeder Art von Fibonacci-Retracement angewendet werden können.

Denken Sie daran, dass diese Strategien nicht nur für tiefe und mittlere Pullbacks gelten, sondern auch während einer flachen Korrektur eingesetzt werden können. Aus diesem Grund werden Sie in einigen der unten aufgeführten Beispiele einen Preisrückgang auf flache Niveaus wie die 38,2-Prozent-Linie beobachten.

Im Allgemeinen gehen Sie mit den in diesem Kapitel vorgestellten Strategien mehr Risiken ein, doch dahinter steckt eine Logik. Sie können nach einem früheren Einstieg suchen, anstatt darauf zu warten, dass der Preis das vorherige Swing-Tief oder Swing-Hoch durchbricht. Dadurch sind Ihre Gewinne potenziell höher.

Das Prinzip

Mit dieser Methode werden Händler früher in einen Handel einsteigen, irgendwo zwischen dem Unterstützungsniveau (gezeichnet von Punkt C – dem Korrekturpunkt) und dem Widerstandsniveau (gezeichnet von Punkt B – dem Swing-Hoch).

Die obige Strategie gilt für einen Aufwärtstrend. Bezüglich des Abwärtstrends ist das Prinzip ähnlich, jedoch in die entgegengesetzte Richtung.

Das Bild unten verdeutlicht das Prinzip.

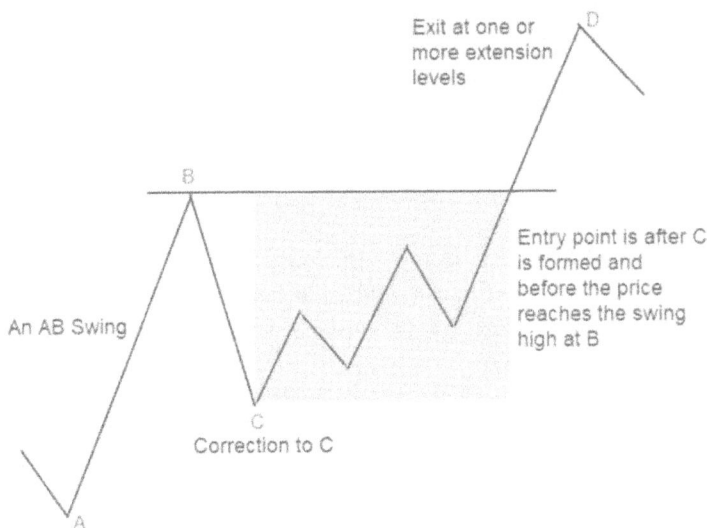

Exit at one or more extension levels

D

B

Entry point is after C is formed and before the price reaches the swing high at B

An AB Swing

C

Correction to C

A

Hier sind die notwendigen Schritte zur Eröffnung einer Position:

1. Identifizieren Sie den zugrunde liegenden Trend. Sie sollten sich darüber im Klaren sein, was der zugrunde liegende Trend ist und in welche Richtung Sie einen Trade eingehen möchten.
2. Bestimmen Sie das aktuelle Hoch und Tief des großen Swings, um Fibonacci-Retracements und -Erweiterungen zu zeichnen.
3. Warten Sie das Ende der Korrektur bis Punkt C ab.
4. Nachdem der Preis einen Korrekturpunkt gefunden hat, warten Sie weiterhin auf ein weiteres **Bestätigungssignal** , um eine Position zu eröffnen.
5. Schließen Sie den Handel auf einer oder mehreren Erweiterungsebenen.

Sie können sehen, dass einige Schritte den vorherigen Methoden ähneln . Der entscheidende Punkt liegt jedoch im wichtigsten Teil der Methode.

Ich habe in Kapitel 3 erwähnt, wie der Handel mit Fibonacci in Verbindung mit anderen Tools zuverlässige Signale liefern kann. Dies ist es, was viele versierte Fibonacci-Händler oft tun, denn je mehr Bestätigungssignale Ihr Handel hat, desto höher ist die Erfolgswahrscheinlichkeit, die Ihr Handel erzielen kann.

73

Kommen wir zurück zum Kern der Strategie. Angenommen, wir befinden uns in einem Aufwärtstrend und Punkt C wurde im Diagramm als Ende des Retracements bestimmt. Jetzt sind wir auf einen langen Einstieg vorbereitet. Die Frage ist: Wann sollten wir die Position eröffnen?

Wir sollten kein Risiko eingehen, indem wir direkt am Retracement-Level eine Position eröffnen.

Wenn Sie auf dem Chart bemerken, dass der Markt, wenn er das Retracement akzeptiert und in die zugrunde liegende Richtung zurückkehrt, oft irgendwo zwischen Punkt C und Punkt B zumindest **ein Signal gibt, und das ist es, wonach wir suchen.**

Sie fragen sich vielleicht, nach welcher Art von Signal wir suchen.

Die Antwort ist, dass es unterschiedlich ist. Dabei kann es sich um ein Signal in Form eines Candlestick-Musters, einer Unterstützung/eines Widerstands oder einer Trendlinie usw. handeln. Je mehr Sie recherchieren und üben, desto besser können Sie erkennen, welches Signal in der jeweiligen Situation am besten funktioniert. In diesem Kapitel stelle ich die beliebtesten Bestätigungssignale beim Handel mit Fibonacci vor.

wir einen Blick auf die Tabelle unten.

In diesem Fall ist das Signal ein Bruch über der Trendlinie. Wie Sie sehen können, bewegte sich der Preis nach einer 50-prozentigen Korrektur bei C in einer Spanne, bevor er die Trendlinie durchbrach, was den Weg für einen klaren Aufwärtstrend ebnete.

DIE BESTÄTIGUNGSSIGNALE

Hier sind einige der besten Bestätigungssignale, auf die Sie achten können, wenn Sie einen Einstiegspreis zwischen Punkt B und Punkt C wählen.

Bestätigung 1: Eine Trendlinie

Eine der besten Möglichkeiten, Fibonacci-Retracements zur Identifizierung eines Einstiegspreises zu nutzen, ist die Kombination mit Trendlinien.

75

In einem Aufwärts- oder Abwärtstrend kann es für Händler einfach sein, die Trendlinien zu zeichnen. Eine Trendlinie ist ein typisches Beispiel für einen Trendmarkt. Die Kombination der Trendlinie mit den Fibonacci-Retracement-Levels könnte Ihnen eine erfolgreiche Handelsstrategie bescheren.

Nachdem Sie den Gesamttrend auf dem Markt ermittelt haben, können Sie die Trendlinie zeichnen, indem Sie Swing-Tiefs und Swing-Hochs verbinden.

Nehmen wir an, Sie warten auf einen erneuten Test dieser Trendlinie. In der Zwischenzeit können Sie auch die Fibonacci-Retracement-Levels von einem großen Swing-Tief bis zu einem großen Swing-Hoch zeichnen.

Im obigen Beispiel können wir sehen, wie die Preise von der Trendlinie abprallten, die auch mit dem 38,2-Prozent-Niveau zusammenfiel und eine schöne Konfluenz-Unterstützungszone darstellte. Kombinieren Sie eine Trendlinie mit Retracement-Levels, und Sie verfügen über eine Handelskonfiguration mit hoher Wahrscheinlichkeit und geringem Risiko.

Denken Sie daran, dass diese Kombination nicht zu 100 Prozent funktioniert, sich aber als großartige Kombination erweist. Starke Trendlinien sind oft mit psychologischen Effekten verbunden, bei denen Verkäufer dazu neigen, Gewinne zu sichern. Wenn Verkäufer ihre Geschäfte schließen, bedeutet dies, dass Käufer ihre Long-Positionen aufbauen und der Preis wieder ansteigt.

Bestätigung 2: Unterstützungs-/Widerstandsniveaus

Eine der effektivsten Methoden zur Verwendung des Fibonacci-Retracement-Tools besteht darin, es mit Unterstützungs- oder Widerstandsniveaus zu kombinieren. Viele erfahrene Händler sind sich einig, dass ein einmal durchbrochenes Widerstandsniveau dazu neigt, als zukünftiges Unterstützungsniveau zu fungieren. Ebenso kann ein durchbrochenes

Unterstützungsniveau als zukünftiges Widerstandsniveau fungieren. Die Kombination von Fibonacci-Retracements mit Unterstützungs- und Widerstandsniveaus kann dazu beitragen, Ihre Handelsleistung zu steigern.

Denken Sie daran, dass die Fibonacci-Niveaus selbst als Unterstützung und Widerstand gelten. Wenn Sie sie mit anderen Preisbereichen kombinieren, die bereits Unterstützung und Widerstand bilden, sind die Chancen, dass sich der Preis von diesen Bereichen erholt, noch höher.

Nachfolgend finden Sie einen 4-Stunden-Chart für Gold.

Sie entscheiden, dass der Markt einen Aufwärtstrend aufweist, und möchten bei dem Rohstoff eine Long-Position eingehen.

Die Frage ist: Wann und wo sollten Sie Ihre Stelle eröffnen?

Der erste Schritt bei der Suche nach einem zuverlässigen Einstiegspreis besteht darin, Fibonacci-Retracements zu verwenden, um mögliche Korrekturniveaus anzuzeigen, nachdem der Preis das Swing-Hoch bei B erreicht hat.

Nachdem wir nun einige Fibonacci-Retracement-Levels auf dem Chart haben, besteht der nächste Schritt darin, zu entscheiden, welches Level wir wählen möchten.

In diesem Fall können Ihnen Unterstützung und Widerstand helfen.

Wenn wir etwas zurückblicken, können wir in der Vergangenheit ein gutes Widerstandsniveau erkennen. Es fiel mit dem Fibonacci-Niveau **von 38,2 Prozent zusammen** .

Nachdem es nun durchbrochen wurde, könnte es zu einem zuverlässigen Unterstützungsniveau werden, das einen guten Ort für einen Long-Einstieg darstellt. Schauen wir uns im Bild unten an, was als nächstes geschah:

Wenn Sie eine Order in der Nähe des Fibonacci-Niveaus von 38,2 Prozent aufgegeben hätten, hätten Sie sich vielleicht über Ihre Gewinne gefreut.

Sie können die gleiche Methode auch während eines Abwärtstrends anwenden. Der Punkt ist, dass Sie einige Preisniveaus finden sollten, die in der Vergangenheit anscheinend Interesse geweckt haben. Das Unterstützungs-/Widerstandsniveau selbst ist der Bereich, der die Aufmerksamkeit der meisten Händler auf sich zieht, wenn der Preis beginnt, sich ihm zu nähern. Die meisten Händler sind in der Lage, auf einem Unterstützungs-/Widerstandsniveau eine Long/Short-Position einzugehen. Wenn Fibonacci mit diesen Niveaus kombiniert wird, besteht daher eine hohe Wahrscheinlichkeit, dass der Preis von diesen Konfluenzniveaus/-bereichen abprallt.

Bestätigung 3: Candlestick-Muster

Sie haben gelernt, dass jede Fibonacci-Retracement-Linie als Unterstützungs- oder Widerstandsniveau fungieren kann. Wenn sich der Preis außerdem in der Nähe eines starken Unterstützungs- und Widerstandsniveaus umkehrt, finden Sie in den meisten Fällen ein Umkehrkerzenmuster. Aus diesem Grund kann die Kombination von Fibonacci mit Candlestick-Mustern dazu beitragen, Ihr Handelsergebnis auf die nächste Stufe zu heben.

Nachfolgend finden Sie einen 4-Stunden-Chart des Britischen Pfunds/Japanischen Yen (GBP/JPY).

Im Diagramm oben können wir sehen, wie sich der Markt vom Swing-Tief bei A zum Swing-Hoch bei B erholte, was auf die Stärke des zugrunde liegenden Aufwärtstrends hinweist. Für Händler ist es immer ratsam, bei einem

81

Retracement einer starken Bewegung zu handeln. Lassen Sie uns nun die

Fibonacci-Niveaus im Diagramm darstellen:

Beachten Sie die lange bullische Kerze, die das 50-Prozent-Fibonacci-Retracement-Niveau berührte, bevor sie die vorherige bärische Kerze verschlang. Es ist ein typisches Beispiel sowohl für einen Marubozu-Kerzenhalter als auch für einen Engulfing-Kerzenhalter. Dies sind zwei der besten Candlestick-Bestätigungssignale, die darauf hinweisen, dass die bullische Seite wieder an Stärke gewinnt und bereit ist, den Preis sehr bald nach oben zu treiben. Dann sollten Sie bereit sein, eine Long-Position einzugehen, mit einem Stop-Loss unterhalb der langen bullischen Kerze.

Nachfolgend erfahren Sie, was als nächstes geschah.

Der Preis stieg und fand problemlos den ersten Widerstand auf dem idealen Niveau der 161,8-prozentigen Fibonacci-Erweiterung. Sie können sehen, wie wirkungsvoll Candlestick-Muster in Kombination mit Fibonacci-Retracements und -Erweiterungen sind und dabei helfen, die Einstiegs-, Stop-Loss- und Gewinnmitnahmeniveaus zu identifizieren.

Bestätigung 4: Gleitende Durchschnitte

83

Ein weiteres großartiges Bestätigungssignal sind gleitende Durchschnitte. Sie wissen wahrscheinlich, dass einige beliebte Durchschnittswerte gut als Unterstützung und Widerstand funktionieren.

Zu den am häufigsten verwendeten gleitenden Durchschnitten gehören 10, 20, 50, 100 und 200 Perioden.

Einige Händler argumentieren möglicherweise, dass es noch andere wichtige gleitende Durchschnitte gibt. Meiner Meinung nach sollten Sie dies basierend auf Ihrem Handelsstil entscheiden. Von den oben genannten Durchschnittswerten sind die längsten die wichtigsten: 50, 100 und 200. Wenn Sie mindestens eines dieser Niveaus mit dem Fibonacci-Retracement verbinden können, um einen Zusammenfluss im Handel zu erreichen, haben Sie gute Chancen, einen zu treffen ein guter Einstiegspunkt.

Nachfolgend finden Sie einen 4-Stunden-Chart des S&P500. Sie können sehen, dass der Preis über dem 50 SMA lag. Die Fibonacci-Retracement-Niveaus werden anhand einer größeren Marktschwankung dargestellt. Beachten Sie, dass das Retracement bei C mit dem 50-Prozent-Fibonacci-Niveau zusammenfiel. Dies ist offensichtlich ein verlässliches Niveau, um wieder in die Abwärtsbewegung einzusteigen.

Aus einer anderen Perspektive: Da der gleitende Durchschnitt als Unterstützungs-/Widerstandsniveau betrachtet wird, bedeutet eine

Bewegung, ihn zu durchbrechen, dass ein Unterstützungs-/Widerstandsniveau durchbrochen wurde, was einen Einstieg ermöglicht.

Eines der Signale, auf die ich oft achte, ist der Schlusskurs der Kerze über (oder im Abwärtstrend darunter) dem 50 SMA. Wenn der Preis über diesem Niveau schließt, ist dies in vielen Fällen ein Signal dafür, dass sich die Dynamik ändert. Wie unten zu sehen ist, würde ich nach der Korrektur auf das 50-Prozent-Niveau auf einen Handel warten, nachdem die Kerze unter dem 50-SMA schließt.

Die gleitenden Durchschnitte kreuzen sich

Manchmal kann ein Schnittpunkt zwischen zwei gleitenden Durchschnitten bestätigen, dass die Korrektur vorbei ist und der zugrunde liegende Trend zur Fortsetzung bereit ist.

Beim Handel mit Fibonacci können Sie Ihre bevorzugten gleitenden Durchschnitte auswählen. Meiner Erfahrung nach gibt es keinen gleitenden Durchschnitt, der den anderen 100 Prozent überlegen ist. Einige bevorzugen schnellere MAs, während andere langsamere Durchschnittswerte bevorzugen.

Im folgenden Beispiel gibt es zwei einfache gleitende Durchschnitte: 10 SMA und 20 SMA. Der Gesamttrend war bärisch. Nach der Korrektur bis auf die 61,8- Prozent-Marke fiel der Preis stark. Wenn der 10 SMA den 20 SMA unterschreitet, haben Sie ein gutes Bestätigungssignal für die Platzierung eines Verkaufseintrags erhalten.

Auch hier sind die 10 SMA und 20 SMA nur beispielhaft dargestellt. Möglicherweise bevorzugen Sie einen anderen Satz gleitender Durchschnitte. Es ist okay. Benutzen Sie sie so lange, wie Sie davon profitieren.

Einige von Ihnen fragen sich vielleicht, warum ich Ihnen nicht einfach einen Standardsatz von MAs gebe, denen Sie folgen können.

Wie Sie vielleicht bereits wissen, halten sich einige Händler häufig an den Vier-Stunden-Chart. In diesem Zeitrahmen funktionieren einige MAs besser als andere. Andere Händler bevorzugen möglicherweise einen Fünf-Minuten-Chart, bei dem andere MAs möglicherweise bessere Signale erzeugen.

Die Auswahl eines bevorzugten SMA-Satzes erfordert Übung mit Versuchen und Irrtümern. Es ist keine schnelle Entscheidung. Es braucht Geduld und Begeisterung.

Stop-Loss- Platzierung

Stop-Loss sollten bei diesen Handelsstrategien nicht als starre Niveaus betrachtet werden. Insbesondere:

- ## Stop-Loss neu denken: Ein flexibler Ansatz in Ihrem Trading-Arsenal

- Wenn die Korrektur vom 50-Prozent- auf das 61,8-Prozent-Niveau erfolgt, kann je nach Risikotoleranz jedes Händlers ein Stop-Loss unterhalb des 78,6-Prozent-Retracement-Niveaus oder unterhalb des letzten Tiefs platziert werden. Letzteres kann Sie vor hohen Marktvolatilitäten bewahren, bietet jedoch ein ungünstigeres Risiko-

Ertrags-Profil als Ersteres.

- Wenn C beim 78,6-Prozent-Retracement-Level endet, kann ein Stop-Loss unterhalb des 100-Prozent-Levels eine gute Idee sein. Ein Absturz unter das vorherige Swing-Tief bedeutet, dass Ihre Analyse ungültig ist und Sie Ihre Position verlassen sollten. Darüber hinaus können wir durch

87

die Platzierung unserer Stopps unterhalb des vorherigen Tiefs ein vorteilhaftes Risiko-Ertrags-Profil (R/R) sicherstellen. Beispielsweise würde ein Long-Einstieg um das 78,6-Prozent-Fibonacci-Niveau, bei dem der Stop knapp unter dem 100-Prozent-Niveau platziert wird, ein R/R-Verhältnis von 1:3 für eine Short-Bewegung zurück zum vorherigen Höchststand (0 Prozent) liefern.

- Wenn Sie hingegen ein flexiblerer Trader sind, möchten Sie vielleicht lieber einen Stop-Loss knapp unter dem Bestätigungssignal (d. h. knapp unter dem niedrigen Schatten einer Kerze bei einem Ausbruch) in einem Aufwärtstrend oder knapp über diesem Signal setzen in einem Abwärtstrend. Es ist einfacher, Ihren Stop-Loss auszulösen, aber Ihr R/R-Profil ist jetzt viel besser als die beiden oben genannten Methoden.

Bitte beachten Sie außerdem, dass es sich hierbei nur um Vorschläge handelt, wo Sie Ihren Stop-Loss platzieren können, basierend auf meiner eigenen Erfahrung. Für mich funktionieren sie in vielen Fällen, aber ich kann nicht garantieren, dass sie bei jedem einzelnen Ihrer Geschäfte funktionieren.

Darüber hinaus gibt es möglicherweise andere gute Möglichkeiten der Stop-Loss-Platzierung, die Sie aus Ihrer eigenen Handelserfahrung übernehmen können.

Sie sollten mehrmals an echten Diagrammen üben und dasjenige auswählen, das für Sie am besten funktioniert. Für jeden Händler kann sein bevorzugter Stop-Loss im Laufe der Zeit variieren; Daher ist Übung der Schlüssel. Falls Sie sich bei der Festlegung Ihres Stop-Loss nicht sicher sind, können Sie sich an den oben vorgeschlagenen Werten orientieren.

Von den drei oben genannten Ebenen ist die Bestimmung Ihres Gewinnziels bei weitem die schwierigste, da es sich dabei um eine Kombination aus Wissenschaft und Kunst handelt. Tatsächlich kann die Platzierung Ihres Gewinnniveaus einen erheblichen Einfluss auf Ihre Handelsrentabilität haben.

Das Problem der meisten Händler besteht darin, dass sie sich zu sehr darauf konzentrieren, den besten Einstiegspreis zu finden.

Der „beste Preis" hat jedoch mehr damit zu tun, wo Sie aus Ihrem Handel aussteigen.

Beispielsweise könnte Händler A eine Long-Position auf GBP/USD bei 1,4100 eingehen und bei 1,4120 aussteigen, um einen Gewinn von 20 Pips zu erzielen. In der Zwischenzeit könnte Händler B bei 1,4110 eine Long-Position eingehen, aber bei 1,4150 aussteigen, um einen Gewinn von 40 Pips zu erzielen. Obwohl Händler A die Position zu einem „besseren" Preis eröffnete, erzielte Händler B am Ende einen größeren Gewinn.

Damit meine ich nicht, dass es nicht wichtig ist, wo Sie Ihren Trade eröffnen und wo Sie Ihre Stop-Loss-Order festlegen. Ich meine damit, dass die Festlegung eines geeigneten Gewinnmitnahmeniveaus sogar noch wichtiger ist als die Wahl eines Einstiegsniveaus und eines Stop-Loss-Niveaus.

Glücklicherweise können Ihnen Fibonacci-Erweiterungen dabei helfen.

Prinzip: Keine festen Regeln

Beim Trading dreht sich alles um Wahrscheinlichkeit; Daher sollten wir kein festes Maß an Gewinnmitnahmen festlegen. Die Kunst, ein Gewinnziel zu definieren, hängt von der jeweiligen Marktumgebung sowie vom Handelsstil des Händlers ab, auf den ich später in diesem Kapitel eingehen werde. Aber zunächst möchte ich Ihnen einen kleinen Trick verraten, den Sie in vielen Fällen anwenden können.

DIE DREI-TEILIGE METHODE

Die Idee hinter dieser Methode ist, dass sie Sie davor bewahrt, Ihren eigentlichen Gewinn zu verlieren. Außerdem bewahrt es Sie vor Gier – einem der größten Feinde aller Händler auf den Finanzmärkten. Mit diesem Trick können Sie Ihr Handelskapital schützen.

So wenden Sie die Methode an

Erstens schließen Sie nicht alle Ihre Positionen auf jedem Preisniveau. Stattdessen gehen Sie Schritt für Schritt vor und erhöhen gleichzeitig das Stop-Loss-Niveau, um Gewinne zu erzielen.

Dementsprechend sollte das erste Ziel das 127-Prozent-Niveau oder das 138-Prozent-Niveau sein, je nachdem, wo Sie den Handel eröffnen. Wenn sich der Preis danach immer noch in die erwartete Richtung bewegt, schließen Sie den zweiten Teil weiterhin auf dem 161,8-Prozent-Niveau oder dem 200-Prozent-Niveau. Was das letzte Drittel der Position betrifft, können Sie sich auf eine andere Unterstützung/Widerstand, Candlestick-Muster oder andere Marktsignale stützen, um Ihren Gewinn zu steigern.

Bei diesem Trick ist zu beachten, dass der Stop-Loss auf den Einstiegspunkt angehoben werden muss, nachdem der erste Teil der Position geschlossen wurde.

Nehmen wir ein Beispiel, um es klarer zu machen.

Im folgenden Beispiel endet die Korrektur beim 50-Prozent-Retracement-Level. Beachten Sie, dass der Markt auf diesem Niveau einen perfekten Pin-Balken bildete, dessen Schlusskurs direkt über dem Mittelwert lag. Am Ende dieser Kerze könnte eine Einstiegsposition platziert werden. Als der Handel profitabel war, wurde der erste Teil auf dem 127-prozentigen Verlängerungsniveau geschlossen. Da der Preis weiter stieg, wird der zweite Teil auf dem Niveau von 161,8 Prozent geschlossen. Möglicherweise möchten Sie dann nach einem weiteren Ausstiegssignal Ausschau halten, um den dritten Teil des Handels abzuschließen.

Im obigen Beispiel war der Markt stark im Trend. Wenn Sie jedoch Zweifel an der Wahrscheinlichkeit einer weiterhin starken Bewegung in die Gesamtrichtung haben, sollten Sie den zweiten Teil bei der 138-Prozent-Erweiterung abschließen. Schauen Sie sich an, wie der Markt eine leichte Korrektur durchführte, als der Preis die obige Erweiterung von 138,2 Prozent erreichte.

Manchmal wird das erste Ziel erreicht, aber der Preis erreicht nicht das nächste Fibonacci-Niveau.

Im folgenden Beispiel lag ein Abwärtstrend vor. Die Korrektur war tief und reichte bis zum 61,8-Prozent-Retracement-Level. Der Einstiegspunkt lag beim Schlusskurs der Kerze unterhalb des 50 MA.

Es ging gut bis zum 127-Prozent-Erweiterungsniveau, wo der erste Teil der Position geschlossen wurde. Plötzlich tauchten Käufer auf. Der Preis kehrte sich um und begann zu steigen. Es waren noch zwei Teile der Position offen, aber der Stop-Loss wurde auf den Einstiegspunkt verschoben. Dies ist aus Managementgründen von entscheidender Bedeutung.

91

Der Aufstieg ging weiter. Letztendlich wurden wir ausgestoppt, schlossen den Handel aber dennoch mit einem Gewinn ab.

So funktioniert es. Manchmal hat man Glück: Der Trend ist stark und man kann alle drei Teile auf höheren Ebenen abschließen. In anderen Fällen werden Sie mit einem Verlust oder Gewinn aus dem Schlusskurs auf der ersten Verlängerungsebene ausgestoppt.

Wenn Ihnen dieses Prinzip zu kompliziert ist, teilen Sie Ihre Position zunächst in zwei Teile und genießen Sie die Vorteile, die sich daraus ergeben. Für mich **sollte der Kapitalerhalt beim Trading oberste Priorität haben.**

So nehmen Sie Gewinne mit:

Kommen wir nun zum wichtigsten Teil dieses Kapitels: Wo legen Sie den Gewinnmitnahmeauftrag für Ihren Handel fest?

Wie bereits erwähnt, sollten Gewinnmitnahmen auf der jeweiligen Marktumgebung und den Handelsstilen des Händlers basieren. Kommen wir zu den folgenden Szenarien:

1. Ein starker Trend mit einem flachen Retracement

Die Stärke des anhaltenden Trends kann dabei helfen, die Entfernung der Bewegung zu bestimmen. Ein kurzes Retracement, gefolgt von einem schnellen Aufschwung in die ursprüngliche Richtung, könnte darauf hindeuten, dass der Trend stark ist. In diesem Fall sollte ein Ziel mindestens auf dem Niveau von 161,8 Prozent oder dem nächsten großen Unterstützungs-/Widerstandsniveau in Betracht gezogen werden. Werfen Sie einen Blick auf den folgenden Vier-Stunden-Chart von Gold:

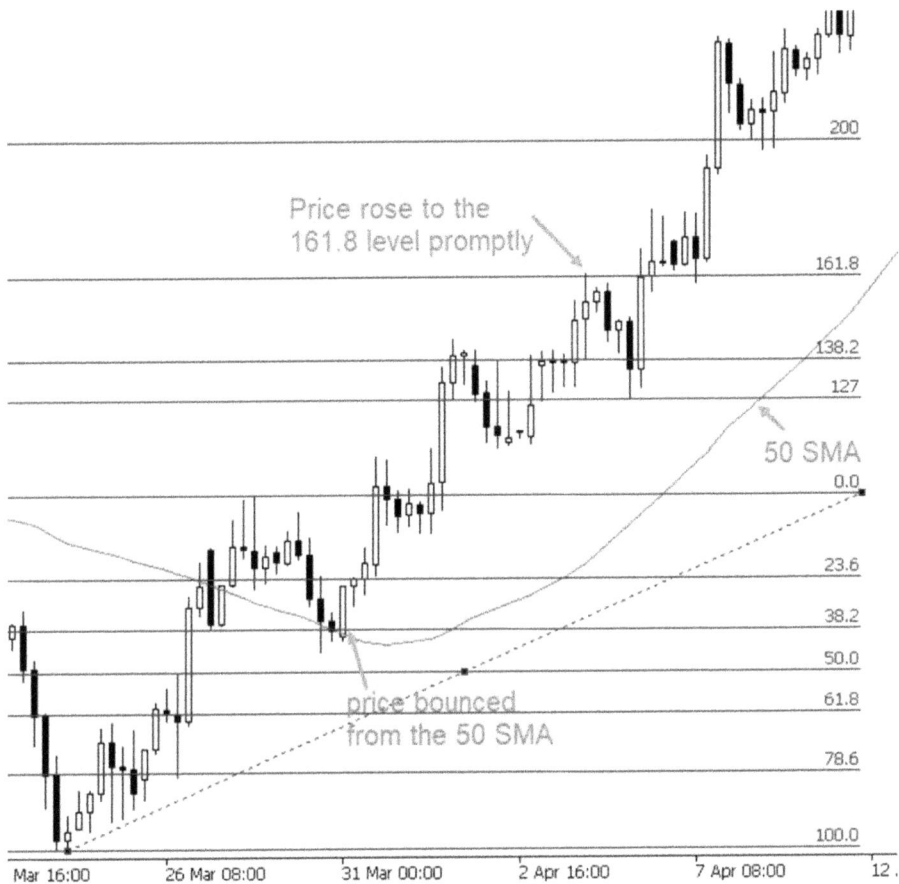

Beachten Sie, dass der 50 SMA als perfekte Unterstützung auf dem 38,2-Prozent-Niveau fungierte. An dieser flachen Retracement-Linie bildete sich ein langes bullisches Candlestick-Muster, stark unterstützt durch den 50 SMA. Dies war ein großartiger Zusammenfluss (Fibonacci-Retracement, Candlestick-Muster und 50 SMA), um einen Long-Einstieg zu platzieren. Es dauerte nicht lange, bis der Preis die 161,8-Prozent-Marke und die 200-Prozent-Marke erreichte.

Wenn während der Wiederaufnahme des Trends bestimmte Volatilitäten auftreten, können Sie manchmal die Anwendung der oben beschriebenen dreiteiligen Methode in Betracht ziehen. Diese Methode kann Ihnen helfen, den unerwarteten Preisrückgang zu vermeiden. Die Aufteilung Ihrer

93

Gewinnmitnahmen in drei Phasen würde den Erfolg des Handels besser sichern.

In diesem Fall sollte der letzte Schlusskurs auf Unterstützung/Widerstand oder einer Art Umkehrkerzenmuster basieren. Wenn wir aus dem obigen Beispiel in die Vergangenheit blicken, sehen wir ein Widerstandsniveau an der 200-Prozent-Verlängerungslinie. Daher sollte das nächste potenzielle Gewinnziel bei der 200-Prozent-Marke liegen.

2. Der Markt erzeugt ein mittleres/tiefes Retracement

Ein tiefes Retracement auf dem 78,6-Prozent-Niveau könnte darauf hindeuten, dass es dem zugrunde liegenden Trend an Stärke und Dynamik mangelt. In diesem Fall könnte die Wahl eines Niveaus von 138,2 Prozent die geeignetere Entscheidung sein.

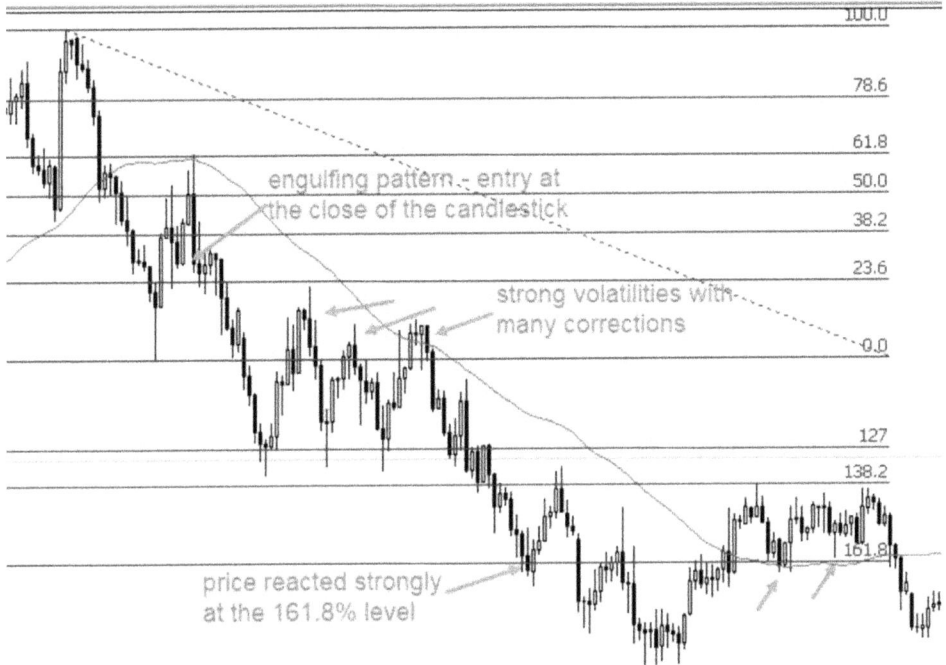

Was eine Korrektur auf die 61,8 Prozent betrifft, gilt sie zwar als tiefes Retracement, gilt im Handel aber auch als Goldener Schnitt. Daher sollten Sie dieser Ebene mehr Aufmerksamkeit schenken. Der Gewinnmitnahmepreis könnte höher liegen, bei der 161,8-Prozent-Linie oder dem nächsten großen Unterstützungs-/Widerstandsniveau. Da das Momentum jedoch möglicherweise nicht so stark ist wie bei einem flachen Retracement, sollte in diesem Szenario die dreiteilige Methode in Betracht gezogen werden.

Auch bei der 50-Prozent-Korrektur kann in vielen Fällen ein Ausstieg um die 161,8-Prozent-Linie in Verbindung mit der dreiteiligen Methode eine gute Wahl sein.

Wenn Sie ein konservativerer Trader sind, möchten Sie möglicherweise einen Ausstieg um die 138,2-Prozent-Marke wählen. Bedenken Sie jedoch, dass der Markt manchmal über diesem Niveau explodieren kann.

Schauen Sie sich das Beispiel unten an.

95

Der Markt befand sich in einem Abwärtstrend und korrigierte auf dem Niveau von 61,8 Prozent. Unmittelbar nach Erreichen dieses Niveaus erschien ein Engulfing-Muster, das den Preis auf das 127-Prozent-Niveau drückte, wo der erste Teil der Position geschlossen werden sollte. Beachten Sie, wie der Markt auf diesem Niveau stark reagierte, den Stop-Loss (der auf den Einstiegspreis angehoben wurde) jedoch nicht überwinden konnte.

Dann setzte der Markt seine Abwärtsdynamik fort und sank auf das Niveau von 161,8 Prozent. Diejenigen, die die dreiteilige Methode angewendet haben, hätten den Gewinn des Handels genossen.

3. Ihre Risikobereitschaft ist wirklich wichtig

Vor allem der Grad Ihrer Risikotoleranz kann Ihre Handelsentscheidung beeinflussen.

Wenn Sie ein aggressiver und risikobereiter Trader sind, könnten Sie ein Gewinnniveau um die 161,8-Prozent-Linie oder höher wählen, während sich ein konservativer Trader für das 138,2-Prozent-Niveau oder sogar das 127-Prozent-Niveau entscheiden könnte. Darüber hinaus wenden sie in den meisten Fällen eine dreiteilige Methode an, da sie in ihrer Prioritätsreihenfolge möglicherweise das Handelskapital viel höher einstufen als die Rentabilität.

Kehren wir zum obigen Beispiel zurück.

Wir können sehen, dass der Markt einen starken Rückgang erlebt hat. Ein konservativer Händler ist möglicherweise nicht so zuversichtlich, dass es danach zu einem starken Abwärtstrend kommt. Sie haben die Wahl, den gesamten Gewinn auf der 127-Prozent-Marke oder der 138,2-Prozent-Marke zu schließen. Beachten Sie, wie stark der Preis reagierte, nachdem er die 127-Prozent-Marke erreicht hatte.

Andererseits kann ein aggressiver Händler optimistischer sein. Sie verstehen, dass die 61,8 Prozent ein goldener Schnitt sind und eine Korrektur auf diesem Niveau der Beginn einer starken Erholung danach sein könnte. Anstatt 127 Prozent oder 138,2 Prozent als Gewinnziel zu wählen, befürworten sie möglicherweise die dreiteilige Methode. Der erste und zweite Schlusskurs sollten bei 127 Prozent und 161,8 Prozent liegen, und das letzte Drittel könnte für ein weiteres wichtiges Unterstützungsniveau offen bleiben.

Manchmal gibt es bei der Wahl des Gewinnmitnahmepreises kein „richtig" oder „falsch". Es ist Ihr Gefühl im Falle eines Gewinns oder einer Niederlage, das Ihnen bei der Entscheidung hilft, auf welcher Ebene Sie Gewinne mitnehmen möchten.

97

Hinweis: Beachten Sie, dass der Preis ähnlich wie beim Einstiegspreis fast Ihr gewünschtes Gewinnniveau erreichen und sich dann plötzlich umkehren kann.

Dies kann daran liegen, dass auch viele andere Händler dieses Niveau im Auge behalten. Wenn sich der Preis diesem Niveau nähert, schließen viele von ihnen ihre Geschäfte möglicherweise kurz vor Ihnen, was zu einer unerwarteten Umkehr führt.

Es wird dringend empfohlen, Ihren Handel nur wenige Pips unter/über dem genauen Preisniveau zu schließen. Auf diese Weise erhöhen Sie Ihre Chancen, Ihren Trade abzuschließen, ohne dass Ihr Gewinn wesentlich beeinträchtigt wird.

Allerdings kann es in bestimmten Fällen dazu kommen, dass der Preis über das Verlängerungsniveau hinausgeht. Wie ich oben erwähnt habe, ist es Teil des Handels, und Sie sollten es akzeptieren. Das Wichtigste ist, einen Plan zu haben, der Ihnen zuverlässige Ausstiegspunkte bietet. Mit der Zeit werden Sie Ihre Fortschritte erkennen, indem Sie konsequent anwenden, was Sie tun sollten, und vermeiden, was Sie nicht tun sollten. Beim Trading geht es vor allem um langfristige Ergebnisse.

Abschluss

KAPITEL 9: EINE TOLLE KOMBINATION AUS FIBONACCI- UND ELLIOTT-WELLEN

Während es für viele Händler schwierig ist, auf den Finanzmärkten profitabel zu sein, gibt es einige, die es tun. Diese Händler reden ständig darüber, „in welcher Welle wir uns befinden". Elliott-Wellen sind ein *Vorhersageinstrument* , das für viele Händler von Vorteil sein kann. Wie Fibonacci geben Ihnen Elliott-Wellen eine Vorstellung davon, wohin sich die Märkte entwickeln könnten.

Elliott Wave hilft uns, den vorherrschenden Trend und den Gegentrend zu identifizieren. Bei ersteren werden die Bewegungen in Richtung des Trends als Impulsbewegungen bezeichnet, während die Bewegungen im Gegentrend als Korrekturbewegungen bezeichnet werden.

Ein typischer dominanter Trend entwickelt sich tendenziell in fünf Wellen: (1) Impuls, (2) Korrektur, (3) Impuls, (4) Korrektur und (5) Impuls.

wir einen Blick auf die fünf Wellen im folgenden Aufwärtstrend.

Eine Untersuchung des aufsteigenden Fünf-Wellen-Zyklus

Der Gegentrend umfasst oft drei Wellen, die normalerweise als A, B und C bekannt sind. Das Bild unten zeigt sowohl den vorherrschenden Trend als auch den Gegentrend.

Hier sind einige Regeln für einen Standard-Elliott-Wellen-Zyklus.

Dominanter Trend (die Motivphase):

- ### Der Mainstream-Kurs: Die Motivphase verstehen

  - Welle 3 ist nie die kürzeste der fünf Wellen. In vielen Fällen ist Welle 3 die längste.

  - Welle 4 kann das Gebiet von Welle 1 nicht betreten.

  - Zwischen den drei Impulswellen gibt es oft eine ausgedehnte Welle.

Gegentrend (die Korrekturphase):

1. ### Die Gegenbewegung : Das korrigierende Segment
2. Welle C überschreitet das Ende von Welle A.

WIE MAN FIBONACCI-WERKZEUGE MIT ELLIOTT-WELLEN IM HANDEL KOMBINIERT

Hier werden Fibonacci-Tools spannend. Wie Sie bereits wissen, helfen uns Fibonacci-Erweiterungen bei der Vorhersage von Preiszielen, während Fibonacci-Retracements auf mögliche Preisstopps nach einer starken Bewegung hinweisen. Wenn wir Fibonacci-Tools mit Elliott-Wellen kombinieren, können sie uns möglicherweise kontinuierliche Gewinne beim Handel ermöglichen.

Im Folgenden werde ich analysieren, wie Sie Fibonacci-Techniken in jeder Welle des vorherrschenden Trends anwenden können.

- *Welle 1:*

Normalerweise gibt es innerhalb dieser Welle keine Projektionspunkte, einfach weil dies Ihr Ausgangspunkt ist und es noch keinen Retracement-Bereich gibt.

- *Wellen 2 und 4:*

Wenn Sie über etwas Handelserfahrung verfügen, weist Welle 2 im Vergleich zu Welle 1 tendenziell ein tiefes Retracement auf: d. h. 50 Prozent, 61,8 Prozent und 78,6 Prozent. Manchmal kann es sein, dass der Wert gerade einmal bei 38,2 Prozent liegt.

Unterdessen tendiert Welle 4 im Vergleich zu Welle 3 dazu, ein flaches Retracement zu sein. Verständlicherweise ist Welle 3 normalerweise die längste; Daher ist Welle 4 möglicherweise kein tiefer Rückgang. Andernfalls kann es zu einer Verletzung des Territoriums von Welle 1 kommen. Der Rückzug von Welle 4 liegt oft zwischen 23,6 Prozent und 50 Prozent. Manchmal kann es sein, dass der Wert auf 61,8 Prozent zurückgeht, aber die Wahrscheinlichkeit ist gering.

Dies führt zu einer Strategie für den Handel mit Pullbacks, indem ein Zusammenfluss zwischen Fibonacci- und Elliott-Wellen gefunden wird. Ein tiefes Retracement der Welle 2 auf etwa 50 Prozent, 61,8 Prozent oder 78,6 Prozent könnte den Weg für eine mögliche Aufwärtsbewegung danach ebnen. Schauen wir uns das Bild unten an.

Wave 2 - deep retracements

Enter the trade at the close of the engulfing pattern

Wie man sehen kann, ist Welle 2 ziemlich tief (rund 78,6 Prozent von Welle 1). Wenn Sie den Handel am Ende des Engulfing-Musters direkt auf dem Retracement-Level eröffnet hätten, hätten Sie auf einer sehr langen Welle (Welle 3 + Welle 5) reiten können. Beachten Sie, dass Welle 4 nach Abschluss von Welle 3 nur eine oberflächliche Korrektur darstellte. Darüber hinaus verdeutlicht das Bild einen weiteren wichtigen Zusammenhang zwischen den beiden Korrekturwellen: Ist eine davon (Welle 2) einfach, ist die andere (Welle 4) tendenziell komplex und umgekehrt. Auch in diesem Fall ist Welle 5 die erweiterte Welle. Der Markt wurde vollständig von den Bären dominiert.

- *Welle 3:*

Denken Sie daran, dass es unter den drei Impulswellen oft mindestens eine ausgedehnte Welle gibt. Jeder möchte auf der ausgedehnten Welle mitreiten, denn es ist die Welle, die zwei Eigenschaften aufweist, nach denen sich jeder Händler sehnt: riesige und schnelle Gewinne.

Im obigen Beispiel ist Welle 5 die erweiterte Welle. Statistiken zeigen jedoch, dass Welle 3 in den meisten Fällen die erweiterte Welle ist. Wie Sie bereits wissen, kann diese Welle nicht die kürzeste der drei Impulswellen sein.

Angenommen, Sie glauben, dass sich eine ausgedehnte Welle in einer Fünf-Wellen-Kette bildet, müssen Sie ein paar Dinge tun, um ein mögliches Ziel der Preisbewegung zu identifizieren. Glücklicherweise können Fibonacci-Erweiterungen helfen.

In Kapitel 3 haben wir gelernt, wie man Fibonacci-Entwicklungen anhand von drei Punkten zeichnet: A, B und C. Eine gültige erweiterte Welle muss mindestens 161,8 Prozent des Abstands zwischen Punkt A und Punkt B betragen. Das bedeutet, dass das Ziel mindestens 161,8 Prozent des Abstands zwischen Punkt A und Punkt B betragen muss das Expansionsniveau von 161,8 Prozent sein.

Schauen Sie sich die Abbildung unten an:

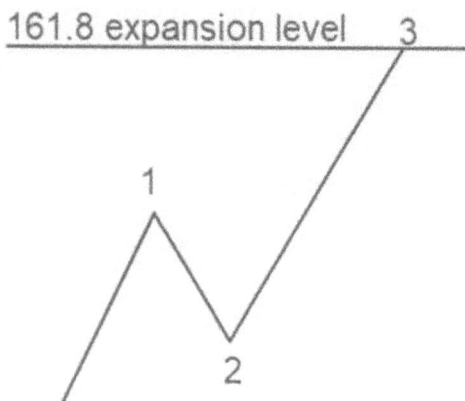

161.8 expansion level   3

1

2

Bedenken Sie, dass ausgedehnte Wellen oft explosive Bewegungen sind, und dies erklärt, warum Händler oft ein starkes Interesse an diesen Wellen haben. Außerdem ist das Verlängerungsniveau von 161,8 Prozent tatsächlich das Mindestniveau, um als verlängerte Welle betrachtet zu werden. Tatsächlich könnten die Erweiterungen bis zum Niveau von 261,8 Prozent oder 461,8 Prozent reichen. Deshalb ist es wichtig, mit Fibonacci- und Elliott-Wellen auf der Welle zu reiten.

Schauen Sie sich unten den Tages-Chart von Neuseeland und dem US-Dollar (NZD/USD) an.

Wave 5

Wave 3

Close the trade at 261.8% Fib
level with a risk/reward profile
at 1:7

261.8

Wave 4

200

161.8

138.2

127

Wave 1

0.0

23.6

38.2

50.0

61.8

Wave 2

enter the trade at the
close of the long
bullish marubozu

78.6

100.0

Wie Sie sehen können, war Welle 2 erneut ein tiefes Retracement, wobei der Schlusskurs der Kerze knapp bei 61,8 Prozent lag. Von diesem Zeitpunkt an stieg der Preis sprunghaft an, ohne dass es zu einer nennenswerten Gegenbewegung kam. Das Ende von Welle 3 lag über dem Niveau von 261,8 Prozent, und diejenigen, die sich der Welle anschlossen, wären profitabel

105

gewesen. In diesem Fall können Sie mit einem Stop-Loss unterhalb der 61,8-Prozent-Marke und einem Gewinnmitnahmeziel bei der 261,8-Prozent-Marke ein wunderbares Risiko-Ertrags-Verhältnis von 1:7 erreichen.

- **Welle 5:**

Es wird nicht erwartet, dass diese Welle sehr weit gehen wird, insbesondere wenn Welle 3 verlängert wird. Dennoch können Sie die Handelswelle 5 basierend auf der Leistung von Welle 4 nutzen.

Wie oben erwähnt, handelt es sich bei Welle 4 häufig um ein flaches Retracement mit einer erwarteten Korrektur, die nicht tiefer als die 50-Prozent-Marke geht. Ein Rückgang von 61,8 Prozent auf 78,6 Prozent ist weniger wahrscheinlich. Bedenken Sie, dass, wenn Welle 2 ein tiefes Retracement ist, die Wahrscheinlichkeit, dass Welle 4 ein flaches Retracement ist, sogar noch höher ist (die Wechselregel im Elliott-Wellen-Zyklus).

Daher kann eine Position, die um das 23,6-Prozent-Niveau oder das 38,2-Prozent-Niveau eröffnet wird, eine gute Möglichkeit sein, Welle 5 zu handeln. Die nächste wichtige Frage bezieht sich darauf, wann und wo Gewinnmitnahmeniveaus festgelegt werden sollen.

Ein Trick zur Berechnung des potenziellen Ziels besteht darin, die Länge von Welle 5 mit der Entfernung vom Beginn von Welle 1 bis zum Ende von Welle 3 zu vergleichen. Ein anzustrebendes Ziel ist die 38,2-prozentige Entfernung von Welle 1 zu Welle 3. Möglicherweise Gehe zu 61,8 Prozent der Distanz, obwohl dies weniger wahrscheinlich ist.

Schauen wir uns zum besseren Verständnis die Abbildung unten an.

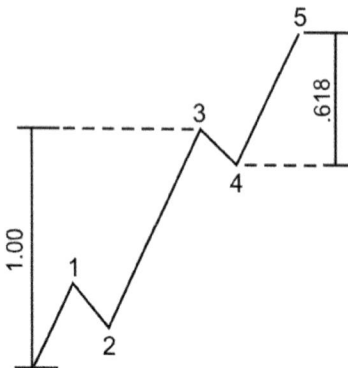

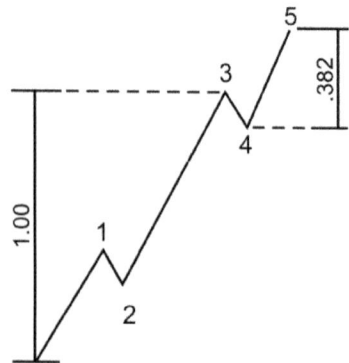

Wenn Sie sich noch an die Verwendung von Fibonacci-Erweiterungen erinnern, können Sie das potenzielle Ziel von Welle 5 leicht messen, mit A am Anfang von Welle 1, B am Ende von Welle 3 und C am Ende von Welle 4.

Kommen wir nun zu einem realen Beispiel, um zu sehen, wie dies angewendet werden kann, um ein potenzielles Ziel für Welle 5 zu

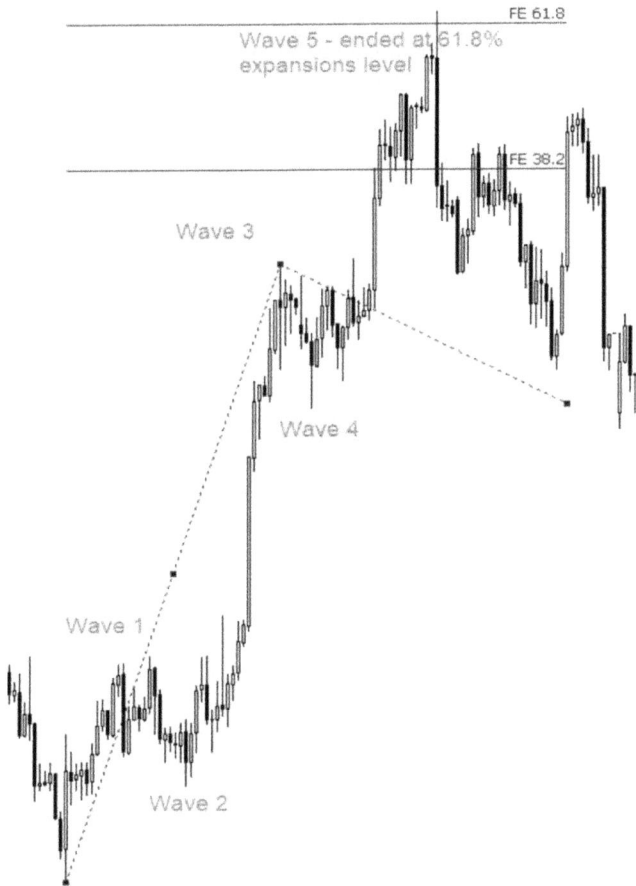

bestimmen.

Das obige EUR/USD-Tagesdiagramm zeigte eine ausgedehnte Welle 3, bevor sich eine milde Korrekturwelle 4 bildete. Nach einigen Volatilitäten innerhalb der vierten Welle setzte der Markt seinen Aufwärtstrend in Welle 5 fort und endete bei der Fibonacci-Expansion von 61,8. Beachten Sie, dass die Erweiterungen vom Anfang von Welle 1 bis zum Ende von Welle 3 gezeichnet werden und dann bis zum Ende von Welle 4 gezogen werden.

Bedenken Sie, dass Welle 3 verlängert wurde, sodass es nicht sehr wahrscheinlich war, dass Welle 5 sehr weit gehen würde. Hier ist ein Zielwert von 38,2 Prozent bis 61,8 Prozent Ausbaugrad angemessener.

Vor diesem Hintergrund kann die Länge von Welle 5 viel länger sein, wenn es sich um die erweiterte Welle handelt (sehen Sie sich das Beispiel zu Beginn dieses Kapitels an). Wenn Welle 3 das Niveau von 161,8 Prozent nicht oder nur annähernd erreichen kann, ist die Wahrscheinlichkeit groß, dass Welle 5 ein Kandidat für die Verlängerung ist. In diesem Fall sollten Sie auf einen weiteren Schritt vorbereitet sein. In diesem Szenario sollte die in Kapitel 8 besprochene dreiteilige Methode verwendet werden.

Im Allgemeinen kann der Handel mit Wave 5 eine gute Idee sein, wenn sich der Markt in einem starken Trend befindet und Sie Ihrem Handel weitere Positionen hinzufügen möchten.

Kurz gesagt: Elliot-Zählungen in Verbindung mit Fibonacci können äußerst zuverlässige Ergebnisse liefern. Während Händler möglicherweise die meiste Aufmerksamkeit auf Welle 3 richten, bietet ihnen das Verständnis von Wellen, die auf Fibonacci-Retracements basieren, möglicherweise die beste Option für den Einstieg in einen Handel. Welle 5 könnte eine ideale Wahl für das Hinzufügen einer Position zu Ihrem Handel sein, basierend auf einem vordefinierten Ende von Welle 4. Fibonacci-Erweiterungen spielen eine wichtige Rolle bei der Ermittlung potenzieller Ziele sowohl für Welle 3 als auch für Welle 5.

KAPITEL 10: GEHEIMNISSE EINES BESSEREN HANDELSMANAGEMENTS

Der Markt bietet täglich eine Reihe von Handelsmöglichkeiten. Manchmal sind Sie vielleicht so begeistert von einem Handelsaufbau, dass Sie Ihre Handelsgröße um das Zwei- oder Dreifache oder sogar mehr erhöhen. Zu anderen Zeiten kann es sein, dass Sie über einen Verlust so wütend und deprimiert sind, dass Sie viele aufeinanderfolgende Positionen eröffnen, obwohl die Signale nach Ihren ursprünglichen Regeln nicht klar genug sind, um dies zu tun.

Während Emotionen Ihre Fähigkeit, kluge Entscheidungen zu treffen, beeinträchtigen können, ist es unmöglich, sie vollständig auszuschalten. Aus diesem Grund müssen Sie lernen, mit Ihren Emotionen umzugehen, damit Ihr Handel Ihren beabsichtigten Regeln und Richtlinien entspricht.

Im Folgenden finden Sie einige effektive Möglichkeiten, um Ihren Handel auf Kurs zu halten.

1. Stop-Losses und die Zwei-Prozent- Regel

Manche Händler setzen nie Stop-Losses. Sie haben Angst, dass sie eine gute Gelegenheit verpassen, wenn ihr Stop-Loss erreicht wird. Sie haben Angst, potenzielle Gewinne zu verpassen. Aber denken Sie daran, dass sie oft auch diejenigen sind, die dafür beten, dass der Preis wieder in die erwartete Richtung zurückkehrt, nur um dann zu sehen, wie ihr Verlust immer größer wird.

Als Trader sollten Sie für Ihre Trades immer einen Stop-Loss festlegen.

Neben der Festlegung eines Stop-Loss ist es auch wichtig, wie viel Sie für jeden Trade riskieren. Sie haben wahrscheinlich schon von der 2 %-Regel gehört. Der Grundgedanke ist, dass Sie bei jedem Trade nicht mehr als 2 % Ihres aktuellen Handelskapitals riskieren sollten. Wenn Ihr Handelskontostand beispielsweise 10.000 US-Dollar beträgt, sollten Sie nicht mehr als 200 US-Dollar riskieren.

Wenn Sie mehr riskieren möchten, müssen Sie Ihr Handelskapital erhöhen. Auch wenn es schwierig erscheinen mag, dieser Anleitung zu folgen, ist es das, was Sie **tun sollten.** Der Handel sollte als langfristige Reise und nicht als Wohlstand über Nacht betrachtet werden.

Ein gutes Kapitalmanagement hilft Ihnen dabei, auf diesem Weg erfolgreich zu sein. Wie Sie vielleicht gehört haben, besteht die oberste Regel beim Trading darin, Ihr Kapital zu schützen. Die Regel Nummer zwei lautet: „Niemals Regel Nummer eins vergessen."

Was tun, wenn Ihr Konto nicht groß genug ist?

Wenn Ihr Konto nicht groß genug ist, führen Sie Ihre Trades einfach mit kleineren Beträgen aus. Dadurch können Sie das 2 %-Risikoprinzip einhalten.

Sie könnten argumentieren, dass es mit kleineren Beträgen schwierig ist, ausreichende Gewinne zu erzielen. Sie denken vielleicht, dass der Handel auf diese Weise etwas langweilig ist.

Denken Sie daran, dass der Handel ein langfristiges Unterfangen ist, das viel Übung und Geduld erfordert. Auch wenn es langweilig erscheinen mag, klein anzufangen, gewinnen Sie auf diese Weise wertvolle Erfahrungen und Techniken, die zu positiven Ergebnissen und immer größeren Gewinnen führen. Ist das nicht der Grund, warum Sie mit dem Trading begonnen haben?

Gibt es bessere Möglichkeiten, die Trades zu genießen?

Wie bereits erwähnt, ist es nicht einfach, sich immer an die Regeln zu halten. Tatsächlich verstoßen einige Händler bereits bei ihren ersten Geschäften gegen die Regel.

Wenn Sie mehr als 2 % Ihres Kontos riskieren möchten und glauben, dass Sie dazu bereit sind, befolgen Sie diesen Rat: Teilen Sie Ihr Handelskapital auf zwei separate Konten auf, wobei 80 % Ihres Geldes auf einem und 20 % auf dem zweiten Konto liegen.

Sie werden mit beiden Konten handeln, jedoch mit unterschiedlichen Ansätzen.

Bei der größeren Variante müssen Sie sich unbedingt an die 2 %-Regel halten, denn dort liegt der Großteil Ihres Geldes und Sie müssen es um jeden Preis schützen.

Auf dem zweiten Konto können Sie mit einem höheren Risikoprozentsatz pro Trade handeln. Wenn Sie gute Handelsentscheidungen treffen können, werden Ihre beiden Konten wachsen. Mit den höheren Risiken, die Sie auf dem zweiten Konto eingehen, erzielen Sie insgesamt größere Gewinne.

Wenn Ihre Handelsentscheidungen jedoch falsch erscheinen, machen Sie sich keine Sorgen – Sie sind die größeren Risiken nur mit einem geringeren Prozentsatz Ihres Kapitals eingegangen, sodass der Verlust psychisch nicht so schmerzhaft sein wird. Während Sie auf dem kleineren Konto möglicherweise eine Menge Geld verlieren, bleibt der Großteil Ihres Geldes auf dem größeren Konto erhalten und unter Kontrolle.

Durch die Aufteilung Ihres Kontos in zwei separate Konten erhalten Sie ein besseres Verständnis dafür, ob Sie bereit sind, mit größeren Positionen zu handeln. Manchmal sind Händler überfordert, ohne es zu merken. Sie sind sich der Gefahren des Handels mit großen Positionsgrößen nicht bewusst. Durch einen konservativeren Handel mit den beiden Konten für einen begrenzten Anfangszeitraum können sie eine tiefere Handelszone realisieren.

2. Erhöhung der Stop-Loss-Order

Ich habe die Erhöhung von Stop-Losses in den vorherigen Kapiteln erwähnt. Die Erhöhung des Stop-Loss ist eine der besten Möglichkeiten, Ihre Trades effektiv zu verwalten.

In den vorherigen Kapiteln habe ich Ihnen empfohlen, die Stop-Loss-Order zu verschieben, wenn Ihr Handel profitabel ist. Sie müssen dies jedoch nicht sofort tun. Sie können dies Schritt für Schritt entsprechend den Marktbedingungen tun.

Nehmen wir zum Beispiel an, Sie eröffnen eine Position und legen den Stop-Loss 10 Punkte unter dem Einstiegspunkt fest. Der Preis steigt und steht kurz davor, die jüngste Widerstandsmarke zu durchbrechen. Sie entscheiden sich dann dafür, den Stop-Loss so zu erhöhen, dass er nur 5 Punkte unter dem Einstiegspunkt liegt. Danach steigt der Preis weiter an und das erste Ziel (dh das 127 %-Niveau) wird erreicht. In dieser Situation sollten Sie ein Drittel Ihrer Position schließen und den Stop-Loss auf den Einstiegspunkt erhöhen.

Jetzt können Sie sicher sein, dass Ihr Handel profitabel ist. Wenn sich die Lage verschlechtert und der Markt eine rapide Verschlechterung erlebt, befindet sich Ihr Stop-Loss bereits am Einstiegspunkt. Im schlimmsten Fall führt dies dazu, dass Ihr Trade ohne Verlust auf Null zurückfällt.

Das Befolgen der 2 %-Regel und die Erhöhung des Stop-Loss erhöhen Ihre Erfolgschancen beim Trading

Wenn Sie einen Trade eingehen, platzieren Sie Ihren Stop-Loss irgendwo unterhalb des Einstiegspunkts (in einem Aufwärtstrend). Wenn Sie sehen, dass der Trend gut steigt, sollten Sie Ihren Stop-Loss auf den Einstiegspunkt erhöhen. Dadurch verdienen Sie selbst bei einem starken Ausverkauf kein Geld, vermeiden aber auch einen Verlust.

Schauen Sie sich unten den Vier-Stunden-Chart Britisches Pfund/Japanischer Yen (GBP/JPY) an. Nach einem Retracement bis zum Niveau von 61,8 % bildete sich eine lange zinsbullische Kerze, die den 50 SMA durchbrach. Sie könnten einen Eintrag beim Schluss der Marubozu- Kerze platzieren, während der Stop-Loss direkt unter der Kerze platziert werden könnte.

Nach mehreren Stunden erweist sich der Aufwärtstrend als stark. Nachdem Sie die erste Position bei 127 % geschlossen haben, können Sie den Stop-Loss auf den Einstiegspunkt erhöhen. Auf diese Weise könnten Sie sicherstellen, dass der Handel zumindest die Gewinnschwelle erreicht.

Wenn sich der Trend in die von Ihnen erwartete Richtung fortsetzt, können Sie den Stop-Loss noch weiter erhöhen, um sicherzustellen, dass Ihr Trade sicher mit einem Gewinn abgeschlossen wird.

So einfach es auch erscheinen mag, diese Technik kann Ihnen eine Menge hart verdientes Geld sparen.

3. Machen Sie es sich zur Gewohnheit, einen Handelsplan zu verwenden

Close 1st position
at 127% level

Stop-loss raised
to the entry point

Sofern Sie kein Roboter sind, sind Sie Gefühlen der Angst und Gier ausgesetzt, die sich negativ auf Ihre Handelsergebnisse auswirken. Jeder gute Händler sollte in der Lage sein, zu definieren, wie er mit dem Markt interagiert und wie er Geschäfte eingeht und wieder verlässt. Allerdings können Sie leicht von negativen Emotionen beeinflusst werden.

Der Zweck eines Handelsplans besteht darin, diese Emotionen zu beseitigen, damit Sie die beste Geisteshaltung und die beste Disziplin beim Handel erreichen können. Wie Benjamin Franklin sagte: „ *Wenn Sie nicht planen, planen Sie auch zu scheitern.*" „Für jeden Händler, der nach einem „Geheimnis" im Handel oder nach einem Vorteil im Handel sucht, ist dies das, was er braucht. Ohne einen detaillierten und klar definierten Handelsplan und wenn Sie sich ernsthaft daran halten, können Sie auf dem Finanzmarkt keinen langfristigen Erfolg erzielen.

Die meisten Menschen haben dies irgendwann im Laufe ihrer Trading-Karriere gehört. In fast jedem Handelskurs wird die Notwendigkeit eines Handelsplans betont. Allerdings planen die meisten Menschen nicht einmal schriftlich. Sie planen einfach keine Menschen.

Ein Handelsplan ist ein spezifischer Satz von Regeln und Richtlinien, der jeden Aspekt Ihres Handels abdeckt, einschließlich (aber nicht beschränkt auf)

114

Ihren Ein- und Ausstieg, Stop-Loss, Positionsgröße, Risikobetrag, Risiko-Ertrags-Verhältnis, Handelsmanagement usw Handelspsychologie.

Durch die Überwindung der beiden gefährlichsten Emotionen (Gier und Angst) können Sie Ihre Handelsleistung besser kontrollieren und die notwendigen Anpassungen vornehmen, um Ihren Handel auf die nächste Stufe zu heben.

Ohne einen Handelsplan haben Sie keine Vorstellung davon, wie sich Ihre Geschäfte während des gesamten Prozesses entwickeln. Sie werden nicht unterscheiden können, wo es Ihnen gut geht und wo Sie sich verbessern müssen.

erfolgreicher Trader zu werden, müssen Sie zusammenfassend einen Handelsplan verwenden, um Ihren Handel zu planen und sich selbst und Ihre Emotionen zu kontrollieren. Wir haben in diesem Buch viele Strategien in Bezug auf Einstieg, Ausstieg, Stop-Loss, Risiko-Ertrags-Verhältnis, Handelsmanagement und mehr mit Fibonacci-Retracements und -Erweiterungen behandelt. Wenn Sie jedoch nicht alle diese Elemente in einem Plan vordefinieren und sie strikt befolgen, ist die Wahrscheinlichkeit groß, dass Sie diese Strategien nicht effektiv anwenden werden.

Klicken Sie HIER, um einen professionell gestalteten Handelsplan für verschiedene Handelsarten zu erhalten.

Hinweis: *Stellen Sie sicher, dass Sie sich im Google Drive-Ordner mit Ihrem Gmail- Konto anmelden. Suchen Sie dann nach dem Bonus im Zusammenhang mit dem Buch, das Sie gerade lesen. Im Rahmen unserer Bemühungen, den Lesern einen Mehrwert zu bieten, bemerken Sie möglicherweise die Vorzüge anderer Bücher, die Sie dort noch nicht gelesen haben. Laden Sie sie auch gerne herunter.*

4. Die Nachrichten eines Drawdowns

Der Drawdown ist die Differenz zwischen dem Höchst- und dem Tiefststand während einer bestimmten Handelsperiode. Sie wird oben oft als Prozentsatz des Rückgangs angegeben. Wenn sich beispielsweise auf einem Handelskonto 20.000 US-Dollar befinden und der Saldo auf 18.000 US-Dollar sinkt, bevor er sich wieder auf 20.000 US-Dollar erholt, sagen wir, dass auf dem Konto ein Rückgang um 10 % verzeichnet wurde.

Normaler Drawdown

Ein normaler Drawdown erfolgt als natürliche Folge von Höhen und Tiefen des Handels, die aus unerwarteten Marktbedingungen oder geringfügigen Fehlern bei der Einhaltung Ihres Handelsplans resultieren. Es stellt keine echte Bedrohung für Ihr Konto dar, sollte aber gut gemanagt werden, um zu vermeiden, dass es über Ihre Toleranz hinausgeht, was sich nicht nur auf Ihr Handelskonto, sondern auch auf Ihre Gefühle auswirken kann.

Im Falle eines normalen Drawdowns müssen Sie zunächst Ihren Handelsplan noch einmal überprüfen, um sicherzustellen, dass Sie den Plan zumindest genau befolgen. Wenn Sie sich an Ihre Handelsregeln halten, besteht die Möglichkeit, dass die Marktbedingungen zu diesem Zeitpunkt Ihrer Strategie nicht förderlich sind.

Möglicherweise möchten Sie Ihren Handelsumfang vorübergehend reduzieren, auch wenn der Verlust unerheblich ist. Dadurch erhalten Sie einen objektiveren Überblick über die nächsten Marktbewegungen.

Problematischer Drawdown

Diese Art von Drawdown ist schwerwiegender, obwohl sie nicht das Ende der Welt bedeutet. Bei richtiger Handhabung kann sich ein Händler von den Verlusten erholen und in Kürze wieder Vertrauen gewinnen.

Wenn Sie eine schwierige Zeit durchmachen und der Verlust Ihre maximale Toleranzgrenze erreicht, ist das Erste, was Sie tun müssen, aus dem Feuer herauszukommen. Nichts ist notwendiger, als den Handel zu diesem Zeitpunkt einzustellen. Das ist oft leichter gesagt als getan, denn der Markt verführt Sie immer dazu, immer mehr Trades zu tätigen. Doch wenn es Ihnen gelingt, sich eine Zeit lang vom Trading-Desk fernzuhalten, können Sie zumindest viel Stress reduzieren. Ich persönlich entscheide mich oft dafür, den Handel zu stoppen, wenn ich einen Drawdown von 20 % erreiche, zumindest bis zum Ende des Monats, je nachdem, ob ich den vorherigen Geisteszustand wiedererlangt habe oder nicht.

Der nächste Schritt besteht darin, die Ursachen für den Rückgang zu ermitteln. In den meisten Fällen kann es auf viele gleichzeitige Probleme zurückzuführen sein. Sie sollten jedoch nicht versuchen, alle Probleme gleichzeitig zu lösen. Versuchen Sie stattdessen, auf das schwerwiegendste Problem zurückzugreifen, das meiner Erfahrung nach häufig darin besteht, dass die Risiken beim Handel nicht gemanagt werden. Es können auch Überhandel, impulsiver Handel oder andere Ursachen sein, die zum Drawdown führen können. Bleiben Sie auf jeden Fall beim wichtigsten Problem, bis sich die Situation teilweise verbessert hat.

Außerdem sollten Sie die Größe Ihres Handels reduzieren, um eine objektive Analyse der Marktschwankungen zu ermöglichen.

KAPITEL 11: GROSSE FEHLER, DIE SIE VIEL GELD KOSTEN KÖNNEN

Fibonacci kann Ihnen viel über potenzielle Unterstützungs-/Widerstandszonen und die Korrelation zwischen Käufern und Verkäufern sagen, wenn Sie dieses leistungsstarke Tool richtig verwenden. Im Gegensatz dazu kann jede unsachgemäße Anwendung dieses technischen Hilfsmittels zu einem falschen Zeitpunkt des Handelseinstiegs und -ausstiegs führen, was zu Verlusten führen kann. In diesem Kapitel werde ich einige Fehler aufzeigen, die es bei der Anwendung des Fibonacci-Handels zu vermeiden gilt.

1. Ich erwarte zu viel

Einer der häufigsten Fehler, die ich beobachtet habe, besteht darin, dass Händler oft erwarten, dass bestimmte Dinge so sehr passieren, dass es den Anschein hat, als wären sie auf bestimmte Fibonacci-Niveaus fixiert. Es ist die häufigste Ursache für Angstzustände, Depressionen und Rachegelüste.

Wenn Sie beispielsweise eine Verlängerung als Kursziel betrachten, können Sie von diesem Niveau so besessen sein, dass Sie keine anderen wichtigen Unterstützungs- oder Widerstandsniveaus oder die Stärke des Trends erkennen können, um das Beste aus Ihrem Handel herauszuholen. Wenn Sie nach einem Einstieg suchen, sind Sie so zuversichtlich, dass sich der Preis von einem Niveau erholt, nur um dann zu sehen, wie er durchbricht, ohne wieder zurückzukehren.

Sie könnten leicht denken, dass der Markt Sie betrogen hat. Fibonacci hat dich betrogen. Sie vergessen vielleicht, dass es beim Trading nur um Wahrscheinlichkeiten geht. Es braucht viel Übung und Geduld.

Wenn Sie also Fibonacci als Kern Ihres Handelssystems verwenden, müssen Sie damit rechnen, dass es in etwa 30–40 Prozent der Fälle nicht funktioniert.

Sie können Ihr Kapital in schwierigen Zeiten durch Disziplin und Kapitalmanagement schützen, wie im vorherigen Kapitel beschrieben. Bitte bedenken Sie, dass es beim Trading nicht um Richtig oder Falsch bei einem einzelnen Trade geht. Beim Trading geht es darum, wie viel Sie durch erfolgreiche Trades verdienen und wie viel Sie durch verlorene Trades **über einen bestimmten Zeitraum** verlieren .

2. Verwendung von Fibonacci für kurzfristige Bewegungen

Wie ich in den vorherigen Kapiteln erwähnt habe, ist die Volatilität in kurzen Zeitrahmen (z. B. 5-Minuten-, 15-Minuten-, 30-Minuten- oder sogar Ein-Stunden-Charts) hoch, was dazu führen kann, dass Fibonacci-Signale ungenau sind.

Kürzere Zeitrahmen machen Retracement-Levels weniger zuverlässig, da der Markt in diesen Zeitrahmen möglicherweise das Unterstützungs-/Widerstandsniveau nicht respektiert. Sobald die Unterstützungs-/Widerstandsniveaus nicht eingehalten werden, wird es nicht einfach sein, Fibonacci-Niveaus zur Bestimmung von Ein- und Ausstiegspunkten zu verwenden.

Darüber hinaus kann es in kürzeren Zeiträumen zu Spitzen kommen, die auf die Veröffentlichung wichtiger Wirtschafts-/Finanzzahlen im Laufe des Tages zurückzuführen sind. Solche Spitzen können es für Händler schwieriger machen, das Finanzdiagramm zu analysieren.

Generell gilt bei den technischen Indikatoren/Instrumenten: Je länger die Beobachtung dauert, desto zuverlässiger sind die Daten/Zahlen. Dies gilt auch für Fibonacci. Daher wird die Anwendung der Fibonacci-Tools über einen längeren Zeitraum (d. h. mindestens im Vier-Stunden-Chart) dringend empfohlen, um positivere Ergebnisse zu erzielen.

3. Inkonsistenz beim verwendeten Swing-High und Swing-Low

Beim Zeichnen von Fibonacci-Retracements und -Erweiterungen empfiehlt es sich, die Referenzpunkte konsequent zu nutzen. Das bedeutet, dass Swing-High und Swing-Tief als Schatten-zu-Schatten oder Körper-zu-Körper bezeichnet werden sollten. Wie Sie anhand der Beispiele in diesem Buch sehen können, verwende ich den Schatten, um den Swing-Hoch- und Swing-Tiefpunkt zu identifizieren.

Es funktioniert möglicherweise nicht, wenn Sie den höchsten Schatten als Swing-Hoch und den niedrigsten Schlusskurs (niedrigster Körper) als Swing-Tief verwenden und umgekehrt. Auf diese Weise kann es für Händler schwierig sein, die zuverlässigsten Unterstützungs- oder Widerstandsniveaus zu identifizieren und den richtigen Zeitpunkt für Einstiegs-, Stop-Loss- und Ausstiegspunkte zu bestimmen.

Die nachstehende Grafik zum australischen und kanadischen Dollar (AUD/CAD) veranschaulicht diesen Fehler. Die Verwendung des Kerzendochts oben und des unteren Kerzenkörpers unten im Trend führt zu einer falschen Identifizierung der Widerstandsniveaus. Schauen Sie, wie sich der Preis zwischen dem 23,6-Prozent-Niveau und dem 38,2-Prozent-Niveau bewegte,

ohne ein größeres Niveau als Korrekturpunkt zu erreichen.

Im Diagramm unten verwende ich den Docht der Kerze sowohl für die Swing-High- als auch für die Swing-Low-Erkennung. Wie Sie sehen, liefern die

Fibonacci-Retracements wertvolle Erkenntnisse darüber, wo die Korrektur an Dynamik verlieren könnte (das 38,2-Prozent-Niveau) und ebnen so den Weg für einen Short-Einstieg.

4. Verlassen Sie sich voll und ganz auf Fibonacci -Tools

Technisch gesehen kann der Handel allein auf der Grundlage von Fibonacci-Tools nicht als „Fehler" wie einige der oben genannten Punkte angesehen werden. In vielen Fällen können Sie andere Tools ignorieren, Ein- und Ausstiegspunkte nur auf der Grundlage von Fibonacci-Retracements und - Erweiterungen definieren und trotzdem großartige Ergebnisse erzielen.

Es empfiehlt sich jedoch, Fibonacci mit anderen Tools zu kombinieren, um die Zuverlässigkeit der Marktsignale zu erhöhen. Ich habe in vielen Kapiteln dieses Buches Bestätigungssignale erwähnt. Bestätigungssignale können über andere Tools wie Kerzenmuster, Trendlinien, gleitende Durchschnitte, Elliott-Wellen usw. gesucht werden. Je mehr Signale Sie haben, desto positiveres Potenzial hat Ihr Handel. Denken Sie immer daran, dass sich der Markt ständig verändert und es zu vielen Volatilitäten und Turbulenzen kommt. Wenn Sie mehr als ein Tool (aber nicht zu viele) in Ihrer technischen Analyse kombinieren, stehen die Chancen zu Ihren Gunsten.

Das Gold-Tages-Chart unten deutete auf einen Aufwärtstrend hin. Es war klar, dass es eine Korrektur bis zum 50-Prozent-Retracement-Level gab. Beachten Sie, dass der 50 SMA mit dem 50-Prozent-Fibonacci-Niveau zusammenfiel und dort einen starken Zusammenfluss bildete.

Ein weiteres Signal, das einen Einstieg auslösen würde, ist der Marubozu - Kerzenhalter, der vom 50 SMA abprallt. Der Preis behielt auch danach seine Aufwärtsdynamik bei. Als nächstes wollen wir das potenzielle Gewinnmitnahmeziel in dieser Situation finden. Schauen Sie sich die nächsten Schritte im Bild unten an.

Strong volatility at the 161.8 level

161.8

138.2

127

50 SMA

0.0

B

23.6

38.2

50.0

C

61.8

78.6

A

100.0

200

Die Aufwärtsbewegung war bis zum Niveau von 161,8 Prozent superstark, wo starke Volatilitäten auftraten. Als konservativer Händler können Sie Ihre Position hier schließen.

Außerdem können wir sehen, wie das Niveau von 161,8 Prozent zu einer so harten Unterstützung wurde, nachdem es als Widerstandsniveau durchbrochen wurde. Ein aggressiverer Händler könnte sich beim Schließen von Geschäften für die dreiteilige Methode entscheiden und einen höheren

Gewinnmitnahmepreis anstreben, da die Bullen auf dem Niveau von 161,8 Prozent immer noch so stark waren.

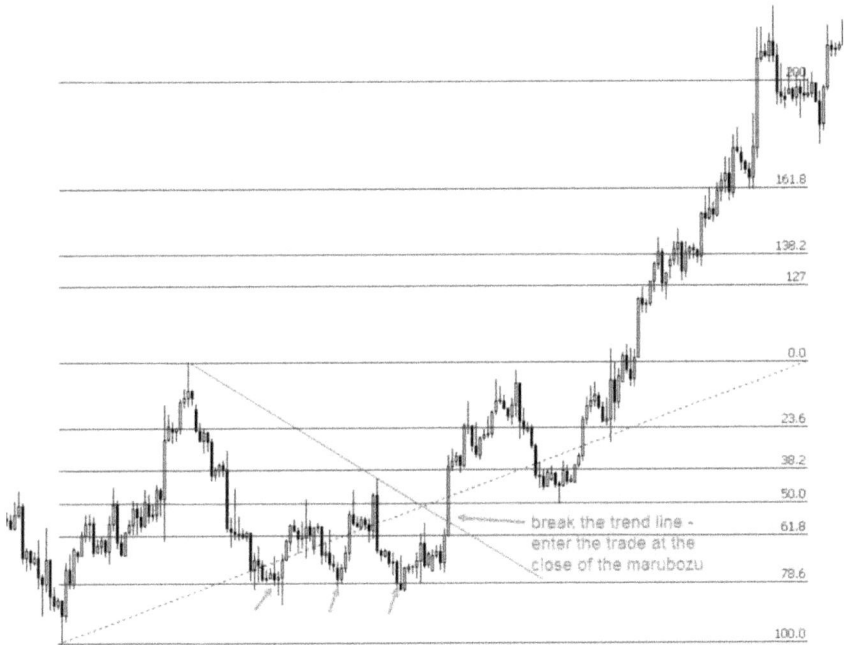

Beispiel 2. Euro/US-Dollar (EUR/USD) auf dem Vier-Stunden-Chart

Im obigen Beispiel erreichte der Preis mehrmals die 78,6-Prozent-Marke , ohne sich wieder zu erholen, was bei Händlern zu erheblicher Verwirrung führen kann.

In diesem Fall könnte die Verwendung einer Trendlinie die perfekte Lösung für das Problem sein. Erneut erschien eine lange bullische Marubozu- Kerze, die die Trendlinie durchbrach und den Preis deutlich nach oben trieb. Wenn der Stop-Loss knapp unter der Marubozu- Kerze liegt und das Gewinnmitnahmeziel bei 161,8 Prozent liegt, könnten Sie problemlos ein Risiko-Ertrags-Verhältnis von 1:3 genießen.

Beispiel 3. US-Dollar/Japanischer Yen (USD/JPY) auf dem Vier-Stunden-Chart

Dieses Beispiel ist eine großartige Kombination aus Fibonacci- und Elliott-Wellen.

In diesem Fall ist Welle 3 die erweiterte Welle mit einem Erweiterungsniveau an der 261,8-Prozent-Linie. Beachten Sie, wie stark der Preis am Ende von Welle 3 reagierte, die mit dem Fibonacci-Erweiterungsniveau von 261,8 Prozent zusammenfiel.

Welle 2 ist hinsichtlich der Korrekturbildung das Gegenteil von Welle 4. Während Ersteres tiefgründig und einfach ist, wirkte Letzteres oberflächlich und komplex.

Sie können auch Welle 5 mitfahren, allerdings nicht so lange wie Welle 3. Wenn Sie sich erinnern, sollte das Ziel der letzten Welle zwischen 38,2 Prozent und 61,8 Prozent (Fibonacci-Erweiterungen) der Distanz von Welle 1 bis Welle 3 liegen, berechnet aus dem Ende von Welle 4. Wie Sie auf dem Bild sehen können, hätte ein Schlusskurs der Position um die 38,2-Prozent-Marke dazu beigetragen, den größten Teil der Bewegung mitzufangen.

ANHANG: SO RICHTEN SIE FIBONACCI-RETRACEMENTS UND - ERWEITERUNGEN EIN

Im Folgenden finden Sie einige Tipps, wenn Sie sich für die Verwendung der MetaTrader- Handelsplattform entscheiden, um Ihre Trades mithilfe von Fibonacci zu identifizieren und zu steuern.

1. **So zeichnen Sie Fibonacci-Retracements und -Erweiterungen im MetaTrader**

- Wählen Sie im Schnellmenü das Fibonacci-Retracement-Tool

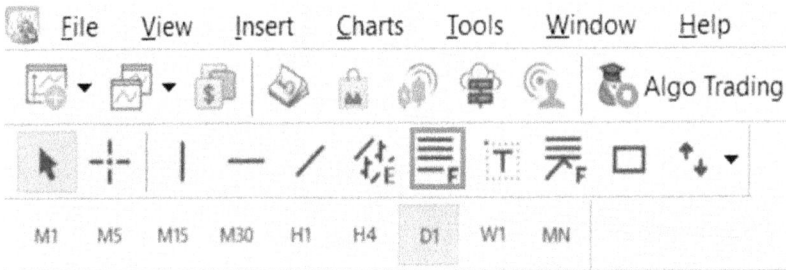

aus:

- Wenn Sie es nicht finden können, gehen Sie zum oberen Menü (**Einfügen**), klicken Sie auf **Fibonacci** und wählen Sie dann **Retracement aus** .
- Zeichnen Sie die Retracement-Linien vom Swing-Tief zum Swing-Hoch (in einem Aufwärtstrend) und vom Swing-Hoch zum Swing-Tief (in einem Abwärtstrend).

- Wählen Sie sie aus, sodass die Zeilen von 0 bis 100 hervorgehoben werden.
- Klicken Sie mit der rechten Maustaste und wählen Sie die erste Option – **Fibo- Eigenschaften** .
- Gehen Sie in einem neuen Fenster zur zweiten Registerkarte – **Fibo- Ebenen** . Hier können Sie Ihre Fibonacci-Ebenen hinzufügen, entfernen oder bearbeiten. Um den Wert zu bearbeiten, doppelklicken Sie einfach darauf.

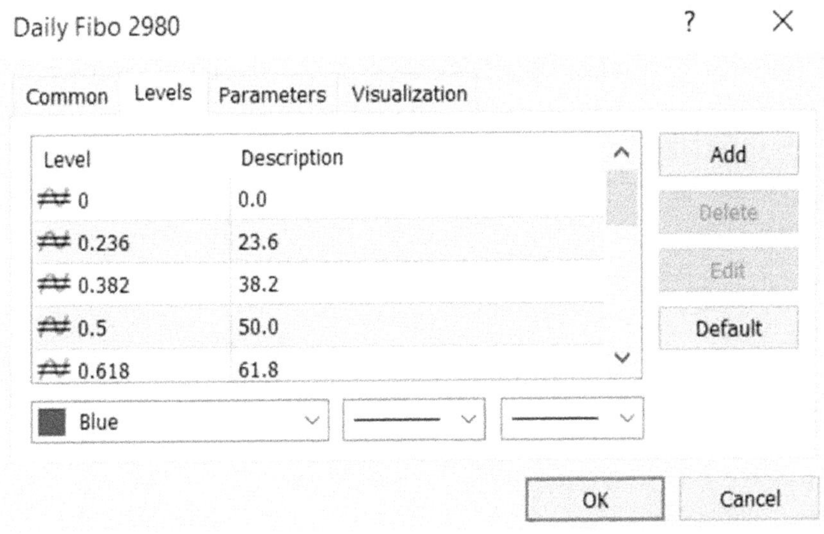

Daily Fibo 2980   ?   ✕

Common   Levels   Parameters   Visualization

Level	Description	
0	0.0	
0.236	23.6	
0.382	38.2	
0.5	50.0	
0.618	61.8	

Add
Delete
Edit
Default

Blue

OK   Cancel

In der ersten Spalte der Tabelle (**Ebene**) definieren Sie die Ebenen. Die zweite Spalte (**Beschreibung**) gibt die Beschreibung an, die im Diagramm angezeigt wird.

Nachfolgend sind die beliebtesten Ebenen aufgeführt, die ich häufig verwende:

Ebene	Beschreibung
0	0
0,236	23.6
0,382	38.2
0,5	50,0
0,618	61,8
0,786	78,6
1	100
-0,27	127
-0,382	138.2
-0,618	161,8

129

-1	200
-1,618	261,8

Mit diesem Trick werden sowohl Retracement- als auch Extension-Level gleichzeitig angezeigt.

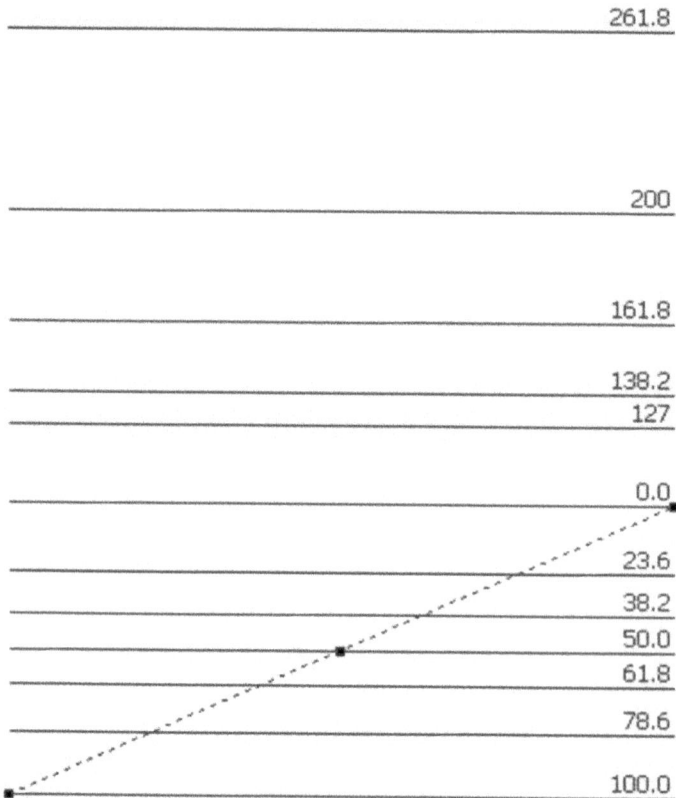

Sie können diese Ebenen bei Bedarf bearbeiten. Für mich ist das mehr als genug, um Ihre Trades zu analysieren.

Wenn Sie in einem Abwärtstrend nach einer Short-Chance suchen, zeichnen Sie das Retracement **vom Swing-Hoch (A) zum Swing-Tief (B):**

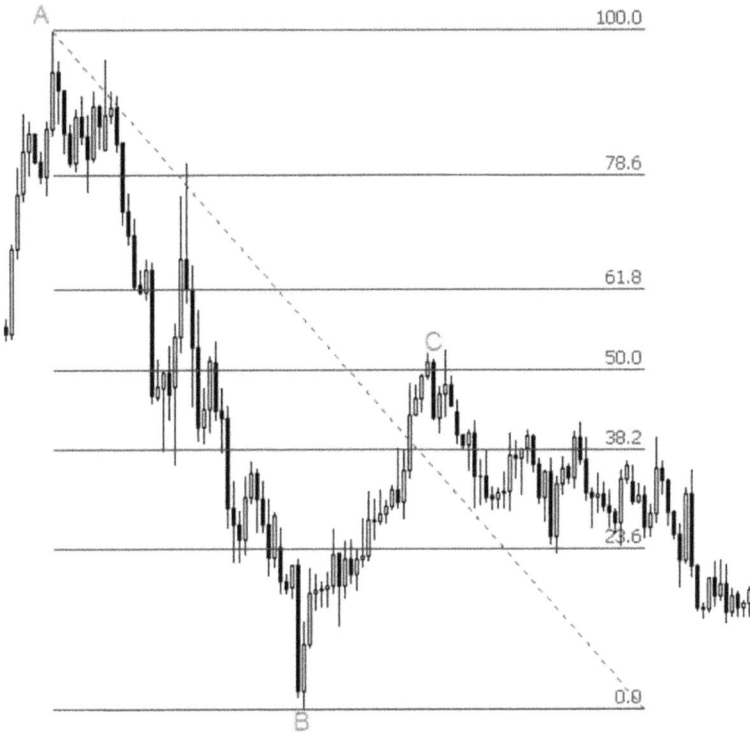

Am Punkt A liegt das 100-Prozent-Fibonacci-Niveau. Inzwischen liegt Punkt B auf dem 0-Prozent-Fibonacci-Niveau.

Wenn Sie in einem Aufwärtstrend nach einer Long-Chance suchen, zeichnen Sie das Retracement **vom Swing-Tief (A) zum Swing-Hoch (B):**

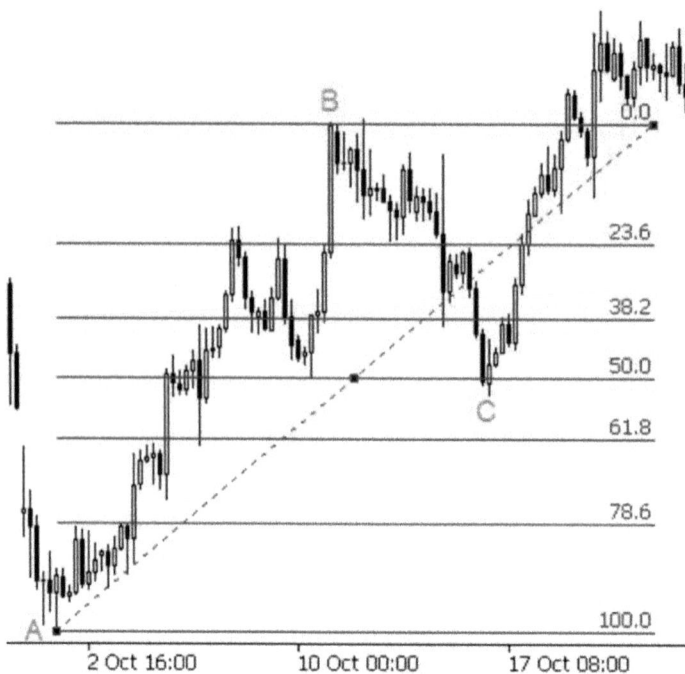

In diesem Fall liegt an Punkt A das 100-Prozent-Fibonacci-Niveau, während Punkt B auf dem 0-Prozent-Fibonacci-Niveau liegt.

2. So zeichnen Sie Fibonacci-Erweiterungen im MetaTrader

Nehmen wir als Beispiel einen Abwärtstrend. In einem Aufwärtstrend sind die Dinge identisch.

Klicken Sie auf das Symbol des Fibonacci-Erweiterungswerkzeugs.

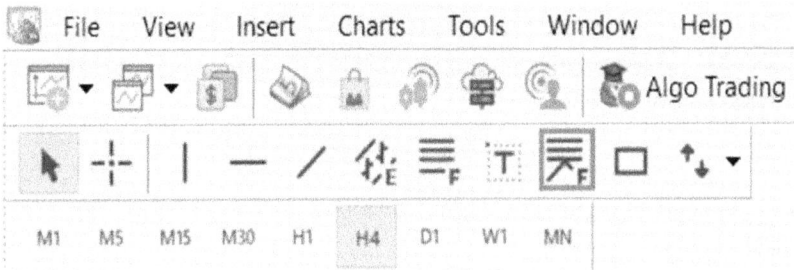

Klicken Sie anschließend auf die Schwunghöhe, und ein kleiner Punkt

A ⊙ ← Click on the
swing high and
a spot appears

erscheint (Punkt A).

A - swing high

133

Swing low - B

Machen Sie dasselbe am Swing-Low (Punkt B), und beide Punkte werden automatisch verbunden.

Halten Sie den Cursor von Punkt B gedrückt und ziehen Sie ihn zum Korrekturpunkt C.

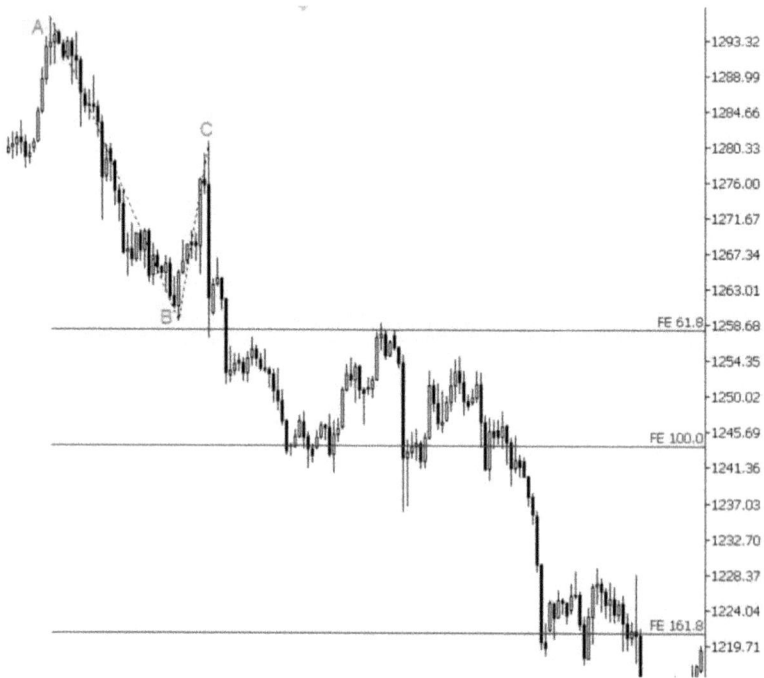

Milton Keynes UK
Ingram Content Group UK Ltd.
UKHW020744141123
432548UK00015B/743